[基礎編]

簿記の問題集［第二版］

村田直樹・野口翔平［編著］

創成社

はしがき

本書は，複式簿記の基本的な知識および技法の習得を意図して編集された問題集である。複式簿記は計算技術であるため，多くの問題に取組み，複式簿記を「体得」することが重要となる。そのため，本書は，複式簿記の基本的な問題を網羅し，複式簿記の基本的な技法を体得できるように構成されている。

本書は，旧版『簿記の基礎問題集［四訂版］』（創成社）をベースに，執筆者を新たにし，加筆・修正を加えたものである。本書の基本的な構成は旧版を引き継いでおり，各章にポイント整理事項を設け，それに基づいた問題を作成している。さらに，問題演習に取組みやすいように，問題と解答欄を見開きの左右のページに配置している。

また，本書は『簿記のテキスト［基礎編］』（創成社）に対応する内容となっており，双方を併用することによって，複式簿記の基本技術を習得することが可能となる。

最後に，格別のご配慮をいただいた株式会社社長塚田尚寛氏，出版部西田徹氏に心から感謝申し上げる次第である。

2020年3月

編著者一同

目　次

問　題　編

第１章　複式簿記の基礎

《ポイント整理》

１．簿記の目的

①　備忘録および経営の基礎資料としての経済行為の歴史的記録

②　一定時点の財政状態の把握

③　一定期間の経営組織の把握

２．複式簿記の要素

複式簿記では，企業活動の継続的な記録を行うにあたって，金額に換算し記録，計算，整理を行う。そのため，企業活動を次の５つの要素に分類する。

①　**資　産**（現金，当座預金，売掛金，貸付金，備品など）

②　**負　債**（買掛金，借入金，社債など）

③　**純資産**（資本金など）

④　**収　益**（売上，受取利息，受取地代など）

⑤　**費　用**（仕入，支払保険料，給料など）

一定時点（期末）の資産，負債，純資産の金額を一覧にして財政状態を示した表を**貸借対照表**という。また,一定期間の収益,費用を比較計算し,整理した計算書を**損益計算書**という。

３．簿記上の取引

複式簿記では，企業の資産，負債，純資産，収益，費用の各要素に増減変化をもたらす事柄を取引という。したがって，企業の資産，負債，純資産，収益，費用に金銭的な増減をもたらさないものは，**簿記上の取引**ではない。

４．勘定記入

勘定とは，簿記で記録・計算を行うための固有の単位で，通常，勘定科目を明記し，以下のようなＴ字型の口座を設け，記録する。

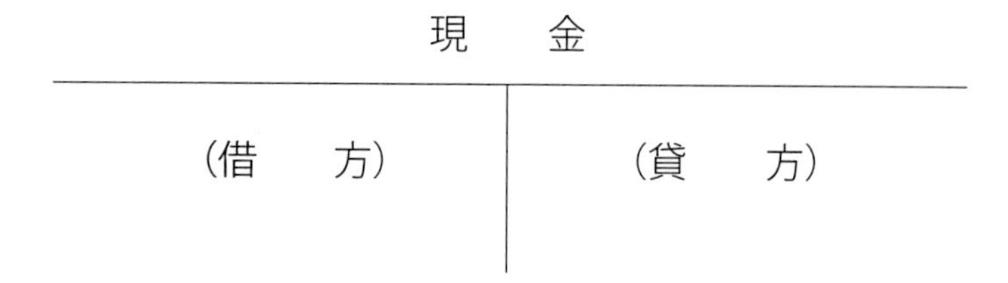

勘定は向かって左側を**借方**，右側を**貸方**と呼び，一定のルールにしたがって記録する。

勘定記入のルール

資 産 の 勘 定	増加を借方に，減少を貸方に記録する。
負 債 の 勘 定	増加を貸方に，減少を借方に記録する。
純資産の勘定	増加を貸方に，減少を借方に記録する。
収 益 の 勘 定	発生を貸方に，（消滅を借方に）記録する。
費 用 の 勘 定	発生を借方に，（消滅を貸方に）記録する。

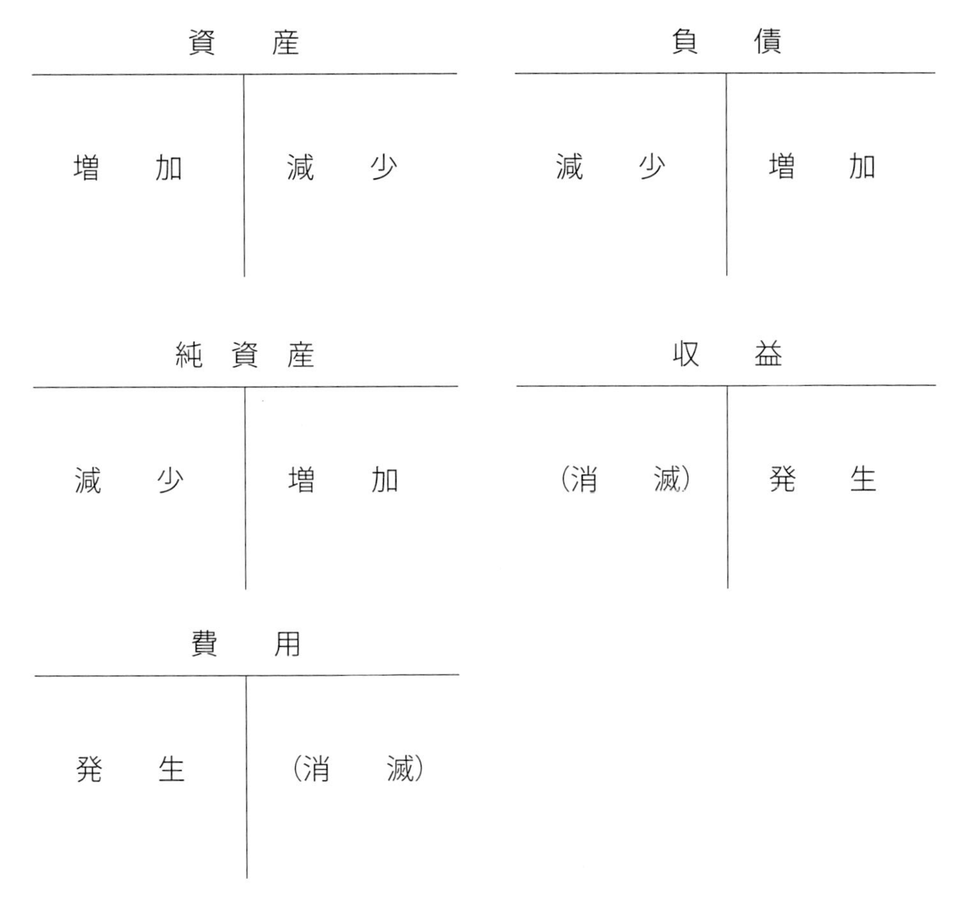

簿記上の取引を分析し，記録する場合，簿記の基本等式がその基礎となる。

資産＝負債＋純資産

5．仕　訳

仕訳とは，簿記上の取引を認識し，金額を測定し，表記上の要素に分類し，勘定科目を決定する手続である。

例えば，備品¥500,000 を現金で購入した場合，

備品（資産）の増加 → 備品勘定借方に¥500,000 を記入。

現金（資産）の減少 → 現金勘定貸方に¥500,000 を記入。

仕訳では，

（借）備　　品　500,000　　**（貸）現　　金**　500,000

問題１ 次の（１）～（５）について，簿記上の取引になるものには○を，簿記上の取引にならないものには×を解答欄に記入しなさい。

（１）店内に陳列していた商品￥150,000を盗まれた。
（２）A商品￥400,000の注文を受け，売渡契約を結んだ。
（３）営業用の店舗建設のため，土地￥2,500,000を購入する契約を結んだ。
（４）販売用の商品￥7,500を仕入れ，代金は後払いとした。
（５）夜半に火災があり，倉庫￥800,000が全焼した。出火原因は不明である。

問題２ 次の（１）～（５）の取引について，増加・減少の別とその借方・貸方の要素を解答欄に記入しなさい。

（例）銀行より現金を入れた。

（１）現金を元入れして，岡本商店を開業した。
（２）現金を仕入れ，代金は後払いにした。
（３）備品を購入し，代金は現金で支払った。
（４）貸付金の利息を現金で受取った。
（５）従業員の今月分の給料を現金で支払った。

問題３ 次の（１）～（９）の取引を勘定記入しなさい。

（１）現金￥100,000を元入れして，丸商店の営業を開始した。
（２）銀行から現金￥800,000を借入れた。
（３）備品￥350,000を購入し，代金は現金で支払った。
（４）商品￥280,000を仕入れ，代金は現金で支払った。
（５）上記の商品を￥350,000で販売し，代金は現金で受取った。
（６）従業員の今月分給料￥90,000を現金で支払った。
（７）電話代（通信費）￥15,000とガス代（水道光熱費）￥4,000を合わせて現金で支払った。
（８）商品￥760,000を仕入れ，代金のうち￥260,000を現金で支払い，残額は掛とした。
（９）借入金￥800,000を利息￥9,000とともに現金で支払った。

問題1

(1)		(2)		(3)		(4)		(5)	

問題2

例	現金の（ 増加 ）→ 現金勘定の（ 借方 ）	借入金の（ 増加 ）→ 借入金勘定の（ 貸方 ）
(1)	現金の（　　）→ 現金勘定の（　　）	資本金の（　　）→ 資本金勘定の（　　）
(2)	仕入の（　　）→ 仕入勘定の（　　）	買掛金の（　　）→ 買掛金勘定の（　　）
(3)	備品の（　　）→ 備品勘定の（　　）	現 金 の（　　）→ 現金勘定の（　　）
(4)	現金の（　　）→ 現金勘定の（　　）	受取利息の（　　）→ 受取利息勘定の（　　）
(5)	給料の（　　）→ 給料勘定の（　　）	現 金 の（　　）→ 現金勘定の（　　）

問題3

現　金

売　上

仕　入

備　品

給　料

水道光熱費

買 掛 金

通 信 費

借 入 金

支払利息

資 本 金

問題4 空欄を複式簿記の基本等式を参考に埋めなさい。

〔資本等式〕

資産－負債＝純資産

〔貸借対照表等式〕

資産＝負債＋純資産

〔損益法による利益計算式〕

当期純損益＝収益－費用

〔財産法による利益計算式〕

当期純損益＝期末純資産－期首純資産

問題4

	期首純資産	期末資産	期末負債	期末純資産	収　　益	費　　用	当期純損益
1		48,000		37,000	15,000	6,000	
2		17,000	4,000			8,600	3,400
3	36,000	53,000		34,000	21,000		
4	73,000		65,000		49,000		17,000

第2章　簿記一巡の手続

《ポイント整理》

1．簿記一巡の手続の意義

複式簿記では，簿記上の取引を認識した後，これを秩序整然と記録・計算・整理し，一会計期間における経営成績と当該期間の期末（決算日）時点の財政状態を示す財務諸表を作成する。この一連の手続きを簿記一巡の手続といい，期中（会計期間の期首から期末までの間）に行われる期中手続と，決算日（会計期間の期末）に行われる決算手続に区分される。

2．期中手続

期中手続は，会計期間内に日常的に行われる手続であり，簿記上の取引を一定の秩序に従って整然と記録することを目的として，以下の順序で行われる。

① 取引が簿記上の取引であるか否かを判断する。
② 簿記上の取引と判断された取引を仕訳し仕訳帳に記帳する。
③ 仕訳帳に記帳した仕訳を，総勘定元帳に設けられた勘定口座に転記する。

3．主要簿と補助簿

複式簿記の記録の根幹をなす主要簿（仕訳帳・総勘定元帳）に対し，取引の実情や実務上の要請に応じて，特定の取引や勘定科目について，より細密な記録を行うことを目的とした補助簿（補助記入帳・補助元帳）が設けられることがある。補助記入帳には，現金出納帳，小口現金出納帳，当座預金出納帳，売上帳，仕入帳，受取手形記入帳，支払手形記入帳などがある。また補助元帳には，商品有高帳，売掛金元帳，買掛金元帳，固定資産台帳などがある。

4．決算手続

決算手続は，決算日に行われる手続であって，期中手続により記録された帳簿を締切るとともに，帳簿記録に基づき財務諸表を作成することを目的として，以下のような順序で行われる。

① 帳簿記録が適切であるか否かを検証するために試算表を作成する。

② 決算整理事項を一覧表示した棚卸表を作成する。

③ 決算の全体像を鳥瞰するために精算表を作成する。

④ 棚卸表に基づき，決算整理仕訳を行う。

⑤ 決算振替仕訳を行い，総勘定元帳に設けた損益勘定へ収益・費用の諸勘定の残高を振替えるとともに，損益勘定の残高（当期純損益）を繰越利益剰余金勘定に振替える。

⑥ 総勘定元帳と仕訳帳を締切る。

⑦ 資産・負債・純資産（資本）の諸勘定の記入が適切であるか否かを検証するために繰越試算表を作成する。

⑧ 財務諸表，すなわち一会計期間における経営成績を示す損益計算書と決算日における財政状態を示す貸借対照表を作成する。

以上の①から③の手続を決算予備手続，④から⑦の手続を決算本手続と呼ぶ。

問題1 解答欄に示した期中手続に関する図解の空欄に当てはまる帳簿を，下記より選びなさい。

①	売上帳	②	買掛金元帳	③	受取手形記入帳	④	仕訳帳	⑤	仕入帳
⑥	現金出納帳	⑦	支払手形記入帳	⑧	総勘定元帳	⑨	当座預金出納帳		
⑩	売掛金元帳	⑪	固定資産台帳	⑫	小口現金出納帳	⑬	商品有高帳		

問題2 解答欄に示した決算手続に関する図解の空欄に当てはまる文章を，下記より選びなさい。

① 総勘定元帳と仕訳帳を締切る。

② 決算振替仕訳を行う。

③ 試算表（残高試算表・合計試算表）を作成する。

④ 決算整理仕訳を行う。

⑤ 棚卸表を作成する。

⑥ 繰越試算表を作成する。

問題1

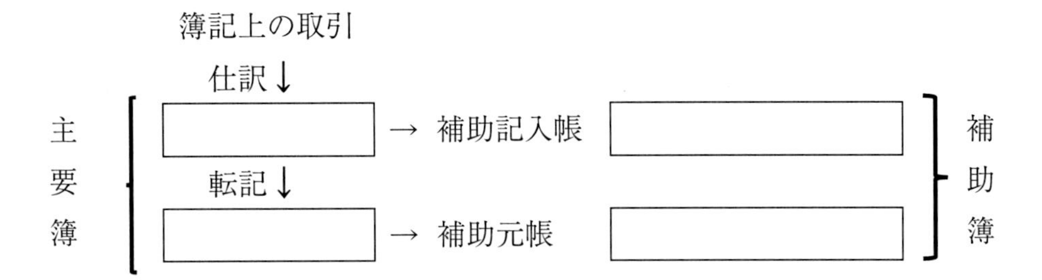

簿記上の取引
仕訳↓
主要簿
→ 補助記入帳
転記↓
→ 補助元帳
補助簿

問題2

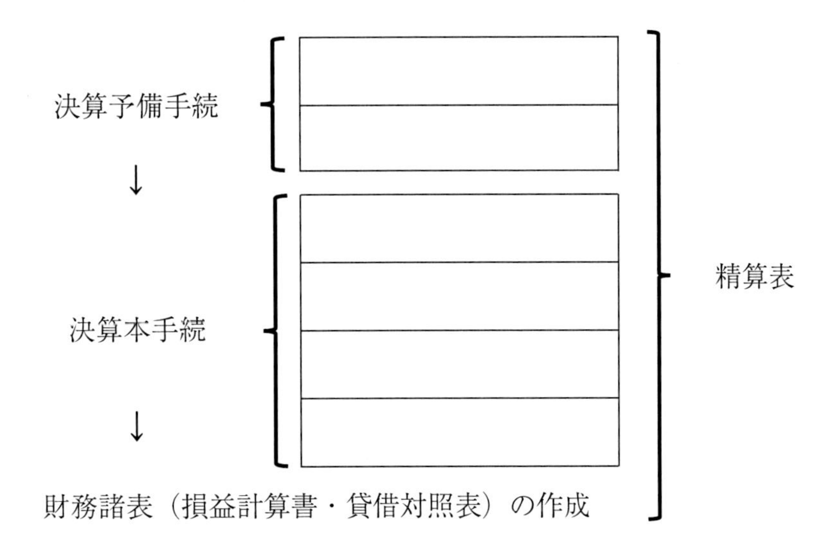

決算予備手続
↓
決算本手続
↓
財務諸表（損益計算書・貸借対照表）の作成
精算表

問題3 以下の仕訳に基づいて，解答欄の総勘定元帳に転記し，合計残高試算表を作成しなさい。

4月1日	（借）	現　　金	300,000	（貸）	資本金	300,000
6日	（借）	仕　　入	150,000	（貸）	現　　金	150,000
10日	（借）	現　　金	200,000	（貸）	借入金	200,000
18日	（借）	備　　品	250,000	（貸）	現　　金	250,000
20日	（借）	現　　金	350,000	（貸）	売　　上	350,000
25日	（借）	給　　料	95,000	（貸）	現　　金	95,000
28日	（借）	借入金	150,000	（貸）	現　　金	155,000
		支払利息	5,000			

問題３

現　金

備　品

資本金

借入金

仕　入

売　上

給　料

支払利息

合計残高試算表

借方		勘定科目	貸方	
残　高	合　計		合　計	残　高
		現　金		
		備　品		
		借入金		
		資本金		
		売　上		
		仕　入		
		給　料		
		支払利息		

問題４ 決算日（3 月 31 日）の収益および費用の残高は下記のとおりであった。このとき決算振替仕訳が転記された損益勘定を示しなさい。

収益：	売　上	280,000 円	受取手数料	20,000 円
費用：	仕　入	180,000 円	給　料	70,000 円

問題５ 次の精算表を完成するとともに，解答欄の損益計算書と貸借対照表を作成しなさい。

精　算　表

勘定科目	残高試算表		損益計算書		貸借対照表	
	借　方	貸　方	借　方	貸　方	借　方	貸　方
現　　金	350,000					
借 入 金		100,000				
資 本 金		200,000				
売　　上		280,000				
受取手数料		20,000				
仕　　入	180,000					
給　　料	70,000					
当期純利益						
	600,000	600,000				

問題4

損　　益

問題5

損益計算書

費　用	金　額	収　益	金　額
仕　　入		売　　上	
給　　料		受取手数料	
当期純利益			

貸借対照表

資　産	金　額	負債・純資産	金　額
現　　金		借　入　金	
		資　本　金	
		繰越利益余剰金	

第3章　現金預金

《ポイント整理》

1．現金勘定

現金の受取は現金勘定の借方に，支払は貸方に記入する。紙幣や硬貨といった通貨のほか，通貨代用証券も現金として処理する。通貨代用証券とは，他人振出の小切手・送金小切手・送金為替手形・郵便為替証書・株式配当金領収書・支払期限の到来した公社債の利札などであり，通貨代用証券を受取ったときは現金勘定の借方に記入する。

2．現金出納帳

現金収支の内訳明細を記録するための補助簿である。

3．現金過不足勘定

現金の実際有高と帳簿残高が一致しないときには，現金過不足勘定を用いて以下のように処理する。

(1)　現金実際有高<帳簿残高（現金実際有高が不足）

①　不一致があることがわかったとき

（借）現金過不足　×××　（貸）現　　　金　×××

②　不一致の原因（交通費の記入もれなど）が判明したとき

（借）旅費交通費など　×××　（貸）現金過不足　×××

③　決算日まで原因不明のとき

（借）雑　　　損　×××　（貸）現金過不足　×××

(2)　現金実際有高>帳簿残高（現金実際有高が過剰）

①　不一致があることがわかったとき

（借）現　　　金　×××　（貸）現金過不足　×××

②　不一致の原因（受取手数料の記入もれなど）が判明したとき

（借）現金過不足　×××　（貸）受取手数料など　×××

③　決算日まで原因不明のとき

（借）現金過不足　×××　（貸）雑　　　益　×××

4．当座預金勘定

当座預金の受入は当座預金勘定の借方に記入し，引出は貸方に記入する。小切手を振出したときは当座預金勘定の貸方に記入する。

5. 当座預金出納帳

当座預金の預入と引出の明細を記録し，残高を明らかにする補助簿である。

6. 当座借越

銀行と当座借越契約を結んでいる場合に，当座預金の残高を超えて当座預金を引出すことを当座借越といい，当座預金勘定の貸方に記入する。決算時まで当座預金勘定の貸方残高が残っていた場合，決算整理として，当座預金勘定から当座借越勘定や借入金勘定など負債勘定に振替える。

7. 普通預金

普通預金口座や当座預金口座など，複数口座を開設している場合，口座種別と銀行名を組み合わせた勘定科目を設定する。

8. 小口現金勘定

タクシー代など少額の現金支払に備えて手許に用意しておく現金を小口現金といい，小口現金を増加させたときは小口現金勘定の借方に記入し，減少させたときは貸方に記入する。

9. 定額資金前渡制度（インプレスト・システム）

小口現金の管理として，あらかじめ一定金額を週（月）の初めに用度係に支給し，支払報告を受けた金額を週末（月末）に補給する方法を定額資金前渡制度という。

① 会計係は小口現金を，小切手を振出して用度係へ前渡しした。

（借）小　口　現　金　×××　　（貸）当座預金　×××

② 会計係は用度係から支払報告（交通費など）を受けた。

（借）旅費交通費など　×××　　（貸）小口現金　×××

③ 会計係は用度係に対し，小口現金の消費額と同額の小切手を振出して補給した。

（借）小　口　現　金　×××　　（貸）当座預金　×××

※ただし支払報告を受け，ただちに同額の補給をしたときは②と③の処理が一緒になる。

（借）費 用 の 各 勘 定　×××　　（貸）当座預金　×××

10. 小口現金出納帳

小口現金の補給と支払の明細を記録するための補助簿である。

問題１ 次の一連の取引を仕訳し，現金出納帳を作成しなさい。月末に現金出納帳を締切ること。なお，￥200,000 の前月繰越がある。

（１）4/ 8　中居商店から売掛代金として現金￥25,000 を受取った。
（２）4/15　木村商店の売掛金のうち￥50,000 を同店振出の小切手で受取った。
（３）4/20　草彅商店の商品売買の仲介をして手数料￥60,000 を送金小切手で受取った。
（４）4/23　かねてより所有している香取株式会社の株券１株について，同社から配当金領収書￥10,000 が郵送されてきた。
（５）4/28　かねてより所有している稲垣商事株式会社の社債につき，期限の到来した社債利札￥15,000 が記入もれになっていた。
（６）4/30　従業員の給料￥260,000 を現金で支払った。

問題 1

	借方科目	金　額	貸方科目	金　額
(1)				
(2)				
(3)				
(4)				
(5)				
(6)				

現　金　出　納　帳

令和〇年		摘　　要	収入	支出	残高
4	1	前月繰越			
5	1	前月繰越			

問題２ **次の取引に関して，仕訳を示しなさい。**

（１）現金の手許有高を調べたところ，帳簿残高より￥5,000が不足していた。
（２）上記の不足額は現金過不足勘定で処理していたが，原因を調査したところ，旅費交通費￥3,000が記入もれであった。なお残額は原因不明のため雑損として処理した。
（３）現金の手許有高を調べたところ，帳簿残高より￥6,000が過剰であった。
（４）上記の過剰額は現金過不足勘定で処理していたが，受取手数料￥1,000の記入もれであった。また，買掛金支払として現金￥44,000を支払った際に，誤って貸方に現金￥40,000と記帳していた。なお残額は原因不明のため雑益として処理した。

問題３ **次の一連の取引を仕訳し，当座預金出納帳を作成しなさい。月末に当座預金出納帳を締切ること。**

（１）5/ 2　小山銀行と当座取引契約を結び，現金￥500,000を預け入れた。また，借越限度額￥250,000の当座借越契約を結んだ。
（２）5/ 6　加藤商店の買掛金￥300,000を小切手を振出して支払った。
（３）5/14　手越株式会社から商品￥350,000を仕入れ，代金は小切手を振出して支払った。
（４）5/20　増田商店の売掛金のうち￥250,000を同店振出の小切手で受取り，ただちに当座預金とした。

問題2

	借方科目	金　額	貸方科目	金　額
(1)				
(2)				
(3)				
(4)				

問題3

	借方科目	金　額	貸方科目	金　額
(1)				
(2)				
(3)				
(4)				

当 座 預 金 出 納 帳

令和○年		摘　　要	預入	引出	借または貸	残高
5	2					
6	1	前月繰越				

問題4 次の取引を小口現金出納帳に記入し，週末における締切と小切手振出による資金補給の記入をしなさい。なお，定額資金前渡制度により，用度係は毎週金曜日の営業時間終了後に今週の支払報告および資金の補給を行っている。

7月1日	(月)	交通系ICカード	¥2,000	接待用茶菓子代	¥5,000
2日	(火)	電　　話　　代	¥2,000	郵　便　切　手	¥5,200
3日	(水)	ボ　ー　ル　ペ　ン	¥3,000		
4日	(木)	新　聞　購　読　料	¥1,500		
5日	(金)	タ　ク　シ　ー　代	¥5,000	郵　便　は　が　き	¥2,000

問題5 問題4における7月5日に会計係が用度係から支払報告を受け，資金の補給をした場合の仕訳を示しなさい。

問題4

小 口 現 金 出 納 帳

受　入	令和○年		摘要	支払	内	訳		
					交通費	通信費	消耗品費	雑　費
30,000	7	1	前週繰越					
			合　計					
		5	本日補給					
		〃	**次週繰越**					
	7	8	前週繰越					

問題5

	借方科目	金　額	貸方科目	金　額
7/5				

第4章　商品売買

《ポイント整理》

1．三分法

三分法とは，商品売買取引を**仕入勘定**（費用勘定），**売上勘定**（収益勘定），**繰越商品勘定**（資産勘定）を用いて処理する方法である。

商品を仕入れ，現金を支払ったとき

（借）仕　　入　　×××　　　　（貸）現　　金　　×××

商品を販売し，現金を受取ったとき

（借）現　　金　　×××　　　　（貸）売　　上　　×××

2．仕入帳

仕入帳とは，商品の仕入れに関する取引の明細をその発生順に記録する補助簿である。

仕　入　帳

令和○年		摘　　要		内　訳	金　額
7	2	野田商店	掛		
		商品A　100個	@¥300		30,000
	5	野田商店	掛値引		
		商品A　100個	@¥20		2,000

3．売上帳

売上帳とは，商品の販売に関する取引の明細をその発生順に記録する補助簿である。

売　上　帳

令和○年		摘　　要		内　訳	金　額
8	2	高木商店	掛		
		商品A　100個	@¥400		40,000
	5	高木商店	掛値引		
		商品A　100個	@¥10		1,000

4．商品有高帳

商品の受入，払出および残高の明細を記録する補助簿。

商品有高帳
（ 商品B ）

(単位:個)

令和○年		摘要	受入			払出			残高		
			数量	単価	金額	数量	単価	金額	数量	単価	金額
5	1	前月繰越	100	10	1,000				100	10	1,000
	7	仕入	100	10	1,000				200	10	2,000
	8	売上				160	10	1,600	40	10	400
	31	**次月繰越**				40	10	400			
			200		2,000	200		2,000			
6	1	前月繰越	40	10	400				40	10	400

先入先出法：先に受入れた商品から先に販売すると仮定し，払出単価を決定する方法。

移動平均法：仕入の都度，残高欄の金額と受入金額を合計し，その合計額を残高数量と受入数量の合計数量で除して，平均単価を計算し，これを払出単価とする方法。

問題１ 次の取引に関して，仕訳を示しなさい（三分法）。

（１）吉岡商店から商品￥500,000を仕入れ，代金は小切手を振出して支払った。
（２）水野商店から商品￥100,000を仕入れ,代金は掛とした。なお,これにともなう運賃￥4,000は現金で支払った。
（３）山下商店から現金で仕入れた商品が一部損傷しており，値引の交渉を行った。この結果,現金で￥8,000の値引を受けた。

問題２ 次の取引に関して，仕訳を示しなさい（三分法）。

（１）豊本商店に商品￥300,000を販売し，代金は掛とした。
（２）平山商店に商品￥500,000を販売し，代金は後日受取ることとした。なお，これにともなう発送費（当方負担）￥5,000は現金で支払った。
（３）平山商店に商品￥500,000を販売し，代金は後日受取ることにした。なお，これにともなう発送費（平山商店負担）￥5,000は現金で支払った。
（４）飯塚商店に掛売していた商品￥900,000のうち￥100,000が品質不良のため返品された。

問題1

	借　方　科　目	金　　額	貸　方　科　目	金　　額
(1)				
(2)				
(3)				

問題2

	借　方　科　目	金　　額	貸　方　科　目	金　　額
(1)				
(2)				
(3)				
(4)				

問題３ 次の一連の取引を仕入帳に記入しなさい。

5月2日　大久保商店より次の商品を仕入れ，代金は掛とした。
　　A 商品　5台　@¥ 50,000　¥250,000
　5日　船越商店より次の商品を仕入れ，代金は掛とした。
　　A 商品　2台　@¥ 55,000　¥110,000
　　B 商品　5台　@¥100,000　¥500,000
　7日　7月5日に船越商店より仕入れた商品に汚れがあったため，次のとおり値引きしてもらい，代金は買掛金から差引くこととした。
　　A 商品　2台　@¥ 5,000　¥ 10,000
　10日　三浦商店より次の商品を仕入れ，代金のうち半額は小切手を振出して支払い，半額は掛とした。
　　B 商品　2台　@¥120,000　¥240,000

問題４ 次の一連の取引を売上帳に記入しなさい。

9月10日　大島商店へ次の商品を販売し，現金は同店振出の小切手で受取った。
　　紳士服　6着　@¥ 10,000　¥ 60,000
　12日　村上商店へ次の商品を販売し，代金は現金で受取った。
　　婦人服　2着　@¥ 15,000　¥ 30,000
　　紳士服　5着　@¥ 20,000　¥100,000
　15日　黒沢商店へ次の商品を販売し，代金は掛とした。
　　婦人服　3着　@¥ 25,000　¥ 75,000
　18日　黒沢商店へ販売した上記商品のうち，次の商品が返品され，代金は売掛金から差引くこととした。
　　婦人服　2着　@¥ 25,000　¥ 50,000

問題3

仕　入　帳

日付		摘　要	内　訳	金　額
5	2	大久保商店　　　　　掛		
		ワープロ　5台　　　@¥ 50,000		

問題4

売　上　帳

日付		摘　要	内　訳	金　額
9	10	永井商店　　　　　小切手		
		紳士服　6着　　　@¥ 10,000		

問題5 次の資料によって，先入先出法による商品有高帳の記入をしなさい。

7月21日　仕入　40個　@¥ 5,000
　　23日　売上　16個　@¥ 6,500（売価）
　　27日　仕入　20個　@¥ 5,200
　　30日　売上　36個　@¥ 6,750（売価）

問題6 次の資料によって，移動平均法による商品有価帳の記入をしなさい。

7月21日　仕入　40個　@¥ 5,000
　　23日　売上　16個　@¥ 6,500（売価）
　　27日　仕入　20個　@¥ 5,200
　　30日　売上　36個　@¥ 6,750（売価）

問題5

商品有高帳

先入先出法

令和○年		摘要	受入			払出			残高		
			数量	単価	金額	数量	単価	金額	数量	単価	金額
7	1	前月繰越	6	5,000	30,000				6	5,000	30,000

問題6

商品有高帳

移動平均法

令和○年		摘要	受入			払出			残高		
			数量	単価	金額	数量	単価	金額	数量	単価	金額
7	1	前月繰越	6	5,000	30,000				6	5,000	30,000

第5章　債権債務

《ポイント整理》

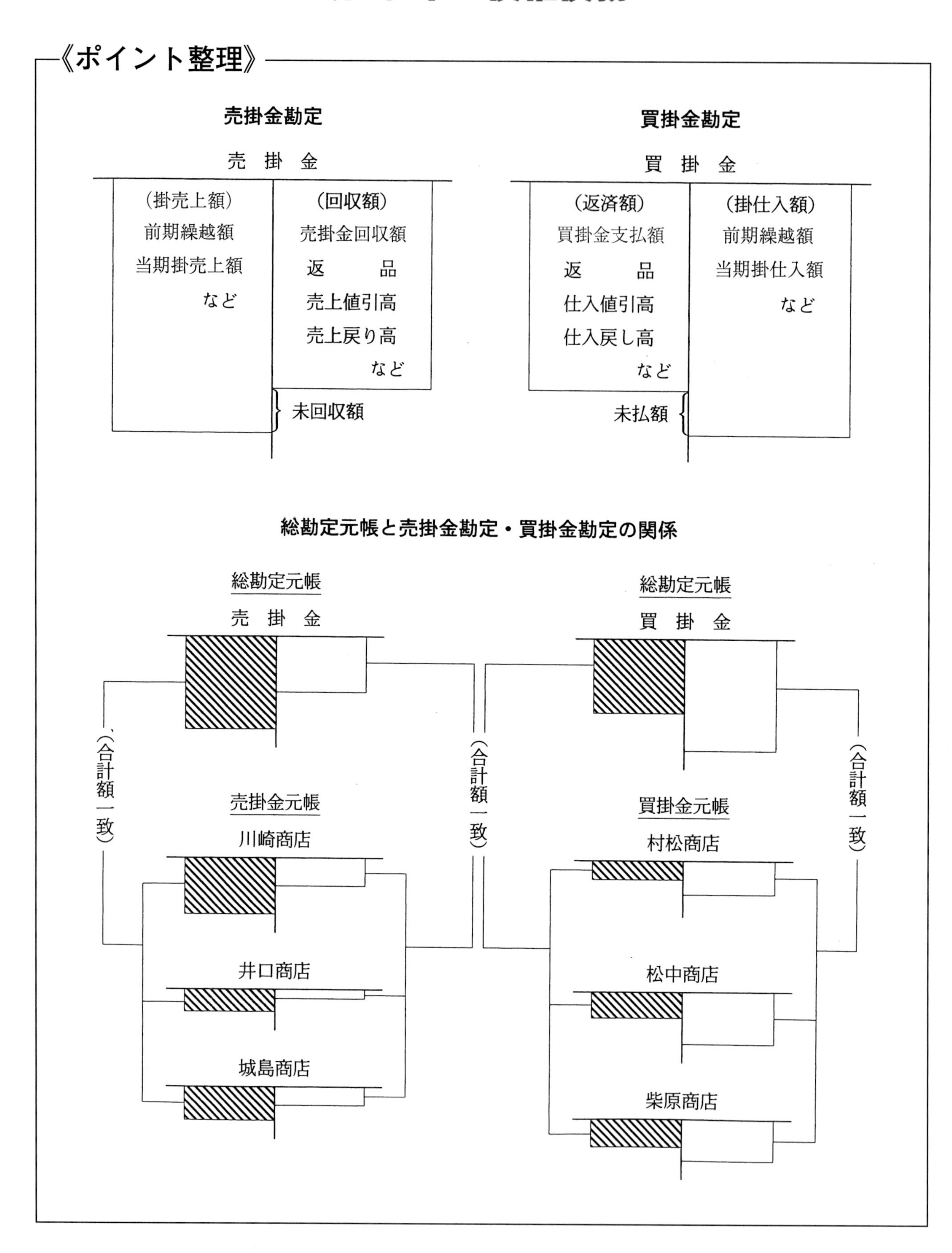

1．現金を貸付けた場合

（借）貸付金　×××　（貸）現金　×××

2．現金を借入れた場合

（借）現金　×××　（貸）借入金　×××

3．商品以外のものを売却し，代金後受けの場合

（借）未収入金　×××　（貸）土地など　×××

（借）未収入金　×××　（貸）受取利息など　×××

4．その後，代金を回収した場合

（借）現金など　×××　（貸）未収金　×××

5．商品以外のものを購入し，代金後払いの場合

（借）土地など　×××　（貸）未払金　×××

（借）支払利息など　×××　（貸）未払金　×××

6．その後，代金を支払った場合

（借）未払金　×××　（貸）当座預金など　×××

7．商品の仕入に先立ち，内金として商品代金の一部を支払った場合

（借）前払金　×××　（貸）現金など　×××

8．その後，商品を受取った場合

（借）仕入　×××　（貸）前払金　×××

9．商品の売上に先立ち，商品代金の一部を受け入れた場合

（借）現金　×××　（貸）前受金　×××

10．その後，商品を引渡した場合

（借）前受金　×××　（貸）売上　×××

11．一時的に金銭を立替えて支払った場合

（借）従業員立替金　×××　（貸）現金など　×××

12．一時的に金銭を預かった場合（特に給料の場合は，所得税を差引き残金を支払う場合が多い）

（借）給料　×××　（貸）源泉所得税預り金　×××

現金　×××

13．内容や金額が確定せず現金を支払った場合

（借）仮払金　×××　（貸）現金　×××

14．その後，内容や金額が確定した場合

（借）旅費　×××　（貸）仮払金　×××

現金など　×××

15．内容や金額が確定せず現金を受取った場合

（借）現金　×××　（貸）仮受金　×××

16．その後，内容や金額が確定した場合

（借）仮受金　×××　（貸）売掛金など　×××

問題１ 次の取引に関して，仕訳を示しなさい。

（１）川崎商店に商品￥730,000を売渡し，代金は後日受取ることにした。
（２）村松商店に対する売掛金￥240,000について，同店振出の約束手形を受取った。
（３）城島商店から商品￥310,000を仕入れたが，代金については掛とした。
（４）井口商店に対する買掛金￥214,000を，手持ちの他人振出小切手で支払った。

問題２ 次の取引に関して，仕訳を示しなさい。

（１）当社所有の土地の一部を￥2,500,000で売却した。代金のうち￥500,000は現金で受取り，残額は月末に受取る約束である。
（２）上記（１）の未収分につき，当座預金に入金されたとの通知が銀行よりあった。
（３）営業用の建物￥300,000を購入し，代金は現金で￥120,000を支払ったが，残額については月末払いとした。
（４）先月購入した備品の支払未済となっていた金額￥68,000に対して，小切手を振出して支払った。

問題３ 次の問いに解答しなさい。

（１）松中商店に対して期間146日，利率年４％の約束で現金￥115,000を貸付けた。受取利息の金額を求めなさい。
（２）柴原銀行から期間３ケ月，利率年３％の約束で現金￥450,000を借入れた。支払利息の金額を求めなさい。

問題1

	借 方 科 目	金 額	貸 方 科 目	金 額
(1)				
(2)				
(3)				
(4)				

問題2

	借 方 科 目	金 額	貸 方 科 目	金 額
(1)				
(2)				
(3)				
(4)				

問題3

	計 算 過 程	金 額
(1)		
(2)		

問題４ 次の取引に関して，仕訳を示しなさい。

（１）鳥越商店に対する借入金￥270,000 を，利息￥1,500 とともに現金で返済した。

（２）斎藤商店から￥140,000 を借入れ，利息を差引かれ，手取金を当座預金とした（借入期間73 日，利率年８％）。

（３）和田商店に対する貸付金￥380,000 について利息￥20,000 を現金で受取り，元金は当座預金に入金があったとの通知が銀行よりあった。

（４）杉内商店に期間４ケ月，利率年５％の約束で￥210,000 を貸付け，利息を差引いた残額を現金で渡した。

問題５ 次の取引に関して，仕訳を示しなさい。

（１）篠原商店（A）は，新垣商店（B）に商品￥460,000 を注文し，代金の一部￥160,000 を現金で前払いした。

（２）篠原商店（A）は，新垣商店（B）より上記（１）で注文した商品￥460,000 を受取り，代金は先に支払った金額を差引いて，後日支払うことにした。

問題4

	借　方　科　目	金　　額	貸　方　科　目	金　　額
(1)				
(2)				
(3)				
(4)				

問題5

		借　方　科　目	金　　額	貸　方　科　目	金　　額
(1)	A				
	B				
(2)	A				
	B				

問題６ 次の一連の取引に関して，仕訳を示しなさい。

（１）従業員の出張に際し，その費用見積額¥55,000を現金で渡した。

（２）出張中の従業員より¥380,000の当座振込があったが，その内容について連絡はなかった。

（３）従業員が出張先から帰店し，出張費用について次のように報告を受けるとともに，残金を戻入れた。

旅　　費　¥30,000　　　　通　信　費　¥5,000

（４）従業員の帰店により，上記（２）の当座振込は得意先からの売掛金の回収であることが明らかとなった。

問題6

	借 方 科 目	金 額	貸 方 科 目	金 額
(1)				
(2)				
(3)				
(4)				

第6章　手　形

《ポイント整理》

1．手形とは

手形は，将来の一定期日（満期日）に，一定の場所（通常は銀行）で一定の金額の支払いを約束する証券である。手形には，約束手形と為替手形の2種類があるが，ここでは約束手形について説明する。

2．約束手形の処理

約束手形は，手形の債務者となる手形の振出人（支払人）と手形の債権者となる受取人（名宛人）の取引である。約束手形を使った商品売買の処理，満期日が到来した約束手形の処理は以下のとおりである。なお，手形の決済は，一般的に取引銀行の当座預金口座を通じて行われる。

・約束手形を振出し，商品を仕入れた場合，支払手形勘定（負債勘定）の貸方に記入する。

（借）仕　　　入　　×××　　（貸）支 払 手 形　　×××

・約束手形を受取り，商品を売上げた場合，受取手形勘定（資産勘定）の借方に記入する。

（借）受 取 手 形　　×××　　（貸）売　　　上　　×××

・振出した手形の満期日が到来し，手形の代金を当座預金口座から支払う場合，手形の代金を決済したことで手形債務が消滅するので，支払手形勘定の借方に記入し，当座預金勘定の貸方に記入する。

（借）支 払 手 形　　×××　　（貸）当 座 預 金　　×××

・受取った手形の満期日が到来し，手形の代金を当座預金口座に受入れた場合，回収した手形代金を当座預金勘定の借方に記入して，手形債権が消滅するので，受取手形勘定の貸方に記入する。

（借）当 座 預 金　　×××　　（貸）受 取 手 形　　×××

3．受取手形記入帳と支払手形記入帳

手形の種類，手形番号，振出日，満期日など，個々の手形取引の詳細な情報を管理するための補助簿として，受取手形記入帳と支払手形記入帳がある。

受取手形記入帳

○年		手形種類	手形番号	摘　要	支払人	振出人または裏書人	振出日		満期日		支払場所	手形金額	てん末		
							月	日	月	日			月	日	摘要
10	3	約手	80	売上	アレックス商店	アレックス商店	10	3	12	3	横浜銀行	XXX	12	3	入金

この受取手形記入帳の内容を仕訳すると以下のようになる。

10月3日（借）受取手形　×××　（貸）売　　上　×××

12月3日（借）当座預金　×××　（貸）受取手形　×××

支払手形記入帳

○年		手形種類	手形番号	摘　要	受取人	振出人	振出日		満期日		支払場所	手形金額	てん末		
							月	日	月	日			月	日	摘要
11	24	約手	2	仕入	ホセ商店	当店	11	24	12	24	横浜銀行	XXX	12	24	支払

この支払手形記入帳の内容を仕訳すると以下のようになる。

11月24日（借）仕　　入　×××　（貸）支払手形　×××

12月24日（借）支払手形　×××　（貸）当座預金　×××

4．手形貸付金と手形借入金

金銭の貸借を目的として，借用証書の代わりに，手形が振出されることがある。これを金融手形という。手形による貸付，手形による借入の処理は以下のとおりである。

・手形による現金の貸付

（借）手形貸付金　×××　（貸）現　　金　×××

・手形による現金の借入

（借）現　　金　×××　（貸）手形借入金　×××

5．電子記録債権と電子記録債務

債権者あるいは債務者が，取引銀行を通じて電子債権記録機関に債権あるいは債務の発生記録を請求することで，電子記録債権あるいは電子記録債務を利用することができる。電子記録債権，電子記録債務の発生時と決算時の処理は以下のとおりである。

・売掛金に関する電子記録債権が発生したとき

（借）電子記録債権　×××　（貸）売　掛　金　×××

・電子記録債権の支払期日が到来し当座預金口座で決済されたとき

（借）当座預金　×××　（貸）電子記録債権　×××

・買掛金に関する電子記録債務が発生したとき

（借）買　掛　金　×××　（貸）電子記録債務　×××

・電子記録債務の支払期日が到来し当座預金口座で決済されたとき

（借）電子記録債務　×××　（貸）当座預金　×××

問題１ 次の一連の取引について仕訳を示しなさい。

（１）涼宮商店より商品￥250,000を仕入れ，代金は同店宛ての約束手形を振出して支払った。
（２）鶴屋商店に商品￥325,000を売上げ，代金のうち￥300,000は同店振出の約束手形で受取り，残額は掛とした。
（３）涼宮商店に振出した約束手形が満期日となり，当社の当座預金口座から引落とされた。
（４）鶴屋商店より受取った約束手形が満期日となり，当社の当座預金口座に振込まれた。

問題２ 次の一連の取引について古泉家具（株）と朝比奈貿易（株）の両方の仕訳を示しなさい。

（１）古泉家具（株）は朝比奈貿易（株）より商品￥500,000を仕入れ，代金は掛とした。
（２）古泉家具（株）は，朝比奈貿易（株）の承諾を得て，上記の買掛金について取引銀行を通じて電子記録債務の発生記録の請求を行った。
（３）電子記録債務の支払期日になり，古泉家具（株）と朝比奈貿易（株）の当座預金口座の間で決済が行われた。

問題1

	借 方 科 目	金 額	貸 方 科 目	金 額
(1)				
(2)				
(3)				
(4)				

問題2

古泉家具（株）

	借 方 科 目	金 額	貸 方 科 目	金 額
(1)				
(2)				
(3)				

朝比奈貿易（株）

	借 方 科 目	金 額	貸 方 科 目	金 額
(1)				
(2)				
(3)				

問題３　次の（１）帳簿の名称と（２）帳簿に書かれている取引の仕訳を示しなさい。

（　　　　）記入帳

令和○年		手形種類	手形番号	摘　要	受取人	振出人	振出日		満期日		支払場所	手形金額	てん末		
							月	日	月	日			月	日	摘要
11	21	約手	30	仕　　入	平沢商店	当　　店	11	21	12	31	田井中銀行	300,000	12	31	支 払 い
12	10	約手	40	買 掛 金	秋山商店	当　　店	12	10	1	31	田井中銀行	90,000			

問題４　次の（１）帳簿の名称と（２）帳簿に書かれている取引の仕訳を示しなさい。

（　　　　）記入帳

令和○年		手形種類	手形番号	摘　要	支払人	振出人または裏書人	振出日		満期日		支払場所	手形金額	てん末		
							月	日	月	日			月	日	摘要
3	1	約手	50	売　　上	泉 商 店	泉 商 店	3	1	4	15	鷲宮銀行	50,000	4	15	入金
4	14	約手	60	売 掛 金	柊 商 店	柊 商 店	4	14	6	1	春日部銀行	80,000			

問題3

（1）

記入帳

（2）

	借方科目	金額	貸方科目	金額
11/21				
12/10				
12/31				

問題4

（1）

記入帳

（2）

	借方科目	金額	貸方科目	金額
3/1				
4/14				
4/15				

第7章　固定資産

《ポイント整理》

1．固定資産

固定資産とは，建物，車両運搬具，備品，土地など企業が営業活動を行うために，長期にわたり使用する資産である。有形固定資産とは，形のある資産であり，通常1年を越えて使用する。

2．有形固定資産の取得

有形固定資産の取得原価は，購入代価と，引取運賃・仲介手数料・登記料・据付費用など使用するまでに要した費用（付随費用）を合計したものである。

取得原価 ＝ 購入代価 ＋ 付随費用

3．資本的支出（改良）と収益的支出（維持・修繕）

有形固定資産の改良，維持，修繕にともなう支出で，資産の価値増加ないし耐用年数の延長となる部分を資本的支出といい当該資産勘定を借方に記入する。資産価値の維持回復となる部分を収益的支出といい修繕費勘定で処理する。

4．減価償却

土地を除く有形固定資産は，使用や時の経過によって価値が減少する。この減価を認識し，各年度の減価額を見積計算し，費用として計上する手続を減価償却という。この手続によって見積もられた費用を減価償却費といい，借方に記入する。

5．減価償却費の計算方法

定額法による減価償却費は以下の計算式で計算する。

$$\text{減価償却費（1年分）} = \frac{\text{取得原価} - \text{残存価額}}{\text{耐用年数}}$$

６．減価償却の記帳方法

直接法と間接法があるが，間接法による減価償却の記帳方法は，以下のとおりである。

（借）	減価償却費	×××	（貸）	減価償却累計額	×××

※減価償却累計額勘定は，固定資産に対する評価勘定であり，貸方に記入する。

７．固定資産の売却

有形固定資産を売却した場合，売却額と帳簿価額を比較して，差額を固定資産売却益勘定（収益）または固定資産売却損勘定（費用）で処理する。固定資産の帳簿価額とは，固定資産勘定から減価償却累計額勘定を差引いた金額であるため，減価償却累計額勘定は，固定資産を売却するとき借方に記入する。

(1) 売却額＞帳簿価額

（借）	未収入金	×××	（貸）	備品	×××
	備品減価償却累計額	×××		固定資産売却益	×××

(2) 売却額＜帳簿価額

（借）	未収入金	×××	（貸）	備品	×××
	備品減価償却累計額	×××			
	固定資産売却損	×××			

※間接法の場合，仕訳をする際の有形固定資産（ここでは備品勘定）の金額は，取得原価である。

８．固定資産台帳

種類別に有形固定資産の明細を記録するための補助簿である。

問題1 次の取引に関して，仕訳を示しなさい。

（1）事務用机といすを購入し，代金￥500,000は据付費用￥10,000とともに現金で支払った。
（2）営業用の土地を購入し，代金￥1,000,000は登記料￥100,000と仲介手数料￥250,000とともに小切手を振出して支払った。
（3）建物を購入し，代金￥5,000,000と仲介手数料￥250,000は月末払いとした。
（4）工場の補修を行い，代金￥2,000,000の半分を小切手を振出し，残額は月末払いとした。代金のうち￥1,500,000は，工場の耐用年数が延長する補修工事であり，代金のうち￥500,000は，屋根や窓ガラスの修繕のための工事であった。
（5）営業用トラックを修繕し，代金￥100,000は現金で支払った。

問題2 次の一連の取引に関して，仕訳を示しなさい。

（1）令和○1年4月1日に建物￥7,500,000(耐用年数20年，残存価額は取得原価の10%)を購入し，代金は小切手を振出して支払った。
（2）上記建物を令和○2年3月31日の決算に際し，定額法で減価償却を行った。減価償却の記帳方法は間接法による。
（3）令和○2年7月1日に自動車￥2,000,000（耐用年数5年，残存価額はゼロ）を購入し，代金は現金で支払った。
（4）上記自動車を，令和○3年3月31日の決算に際し，定額法で減価償却を行った。減価償却の記帳方法は間接法による。

問題3 次の取引に関して，仕訳を示しなさい。

（1）所有する土地（購入価格￥3,900,000，購入手数料￥39,000）を￥4,000,000で売却し，代金は小切手で受取った。
（2）店舗用建物（取得原価￥3,000,000，耐用年数30年，残存価額は取得原価の10%）を売却し，代金￥500,000は小切手で受取り，ただちに当座預金とした。なお築後25年経過しており，減価償却費は定額法で計算し，間接法で記帳されている。
（3）備品（取得原価￥800,000）を売却し，代金￥200,000は月末に受取ることにした。なお当該備品の減価償却累計額は￥650,000である。

問題1

	借方科目	金　額	貸方科目	金　額
(1)				
(2)				
(3)				
(4)				
(5)				

問題2

	借方科目	金　額	貸方科目	金　額
(1)				
(2)				
(3)				
(4)				

問題3

	借方科目	金　額	貸方科目	金　額
(1)				
(2)				
(3)				

問題4 **以下の資料を参考に，固定資産を固定資産台帳へ記帳しなさい。本日は決算日（令和○6年3月31日）であり減価償却費を計上する。**

＜資料＞

資産名　商品陳列棚　　耐用年数4年

用　途　器具・備品　　償却方法　定額法

登録番号　○○○○　　残存価額　ゼロ

取得年月日　令和○5年4月1日（会計期間4月1日～3月31日）

問題4

固定資産台帳

（　　　　）台帳

年月日			摘　　　要	取得原価	減価償却費	残高	備考
○5	4	1	小切手支払い	240,000			

第8章　株式会社会計

《ポイント整理》

1．株式会社の設立と株式の発行

株式会社を設立する場合は，発起人が発行可能株式総数などを定めた定款を作成して，株式を発行する。その後，株式の引受と払込を受け，会社設立の登記を行う。

① 定款に定めた発行可能株式総数の範囲内であれば，取締役会の決議により，いつでも自由に株式を発行できる。

② ただし，会社の設立にあたっては，発行可能株式総数の４分の１以上の株式を発行しなければならない。

(借) 当座預金など　×××　　(貸) 資本金　×××

2．増　資

会社設立後，取締役会の決議によって資本金を増加させることを増資という。取締役会で新株の発行が決定されたあと，株主の募集，株式の申込み，株式の割当というステップを経て，払込期日の到来とともに増資の会計処理をする。新株の発行に際して，株式の申込みを受け，株主からの払込は，資本金勘定で処理する。

(借) 現　金など　×××　　(貸) 資本金　×××

3．剰余金の配当および処分

剰余金とは，会社が獲得した利益のうち，まだ使い道が決まっていない金額のことを指す。株式会社では，株主からの出資金が元手となり，経営活動を行うため，基本的に会社が獲得した利益は株主のものである。したがって，会社が獲得した利益は，株主に還元される。これを剰余金の配当という。

また，剰余金はすべて配当される訳ではなく，一部，会社法の規定や会社経営維持などの理由により，会社内に留保される。これを剰余金の処分という。剰余金の処分には，利益準備金の積立や任意積立金の積立がある。

（1）決算時の振替仕訳

個人商店では，決算において損益勘定で計算された当期純利益または当期純損失は資本金勘定（純資産）に振替えた。株式会社では，決算時に損益勘定に集計された当期純利益あるいは当期純損失の金額は，繰越利益剰余金勘定（純資産）の貸方あるいは借方に振替えられる。

＜当期純利益の場合＞

（借）損　　　　益　　×××　　（貸）繰越利益剰余金　　×××

＜当期純損失の場合＞

（借）繰越利益剰余金　　×××　　（貸）損　　　　益　　×××

（2）繰越利益剰余金の配当

剰余金のうち，配当財源となるものには，繰越利益剰余金とその他資本剰余金がある。株主総会で剰余金の配当等が決定したら，繰越利益剰余金またはその他資本剰余金（純資産）からそれぞれの勘定科目に振替える。繰越利益剰余金の貸方残高がある場合は，株主総会でその処分が決定される。繰越利益剰余金の処分が行われたときは，繰越利益剰余金勘定からそれぞれの処分項目の勘定に振替えられる。なお，未処分の金額がある場合は，繰越利益剰余金勘定に貸方残高として繰越される。なお，株主配当金については，株主総会で金額が決定され，支払いは後日となるため，未払配当金で処理する。

（借）繰越利益剰余金　　×××　　（貸）未払配当金など　　×××

（3）法定準備金の積立

会社法では，債権者保護の目的から資本準備金と利益準備金の2つの法定準備金を純資産の部に積立てることを強制している。

① **資本準備金**…資本として株主から払込まれた金額のうち，資本金として計上しなかった金額で，純資産の部に積立てることを特に定めたものである。**株式払込剰余金**は，**資本準備金**として積立てられる。配当財源が**その他資本剰余金**の場合には，**資本準備金**を積立てなければならない。資本準備金の最低積立額は，**配当金の 10%（10 分の 1）**となる。

② **利益準備金**…会社の利益から会社法の定めにしたがって，強制的に純資産の部に積立てなければならない金額のことである。配当財源が**繰越利益剰余金**の場合には，**利益準備金**を積立てなければならない。利益準備金の最低積立額は，**配当金の 10%（10 分の 1）**となる。

③　**任意積立金**…会社の利益から積立てられた金額のうち，**利益準備金以外**のもの。

④　**繰越利益剰余金**…配当，処分が決定していない利益のこと。利益剰余金のうち，**利益準備金および任意積立金以外**のもの。

4．株式会社の純資産項目

貸借対照表の資産と負債の差額が，純資産となる。純資産は株主資本と評価換算差額等に区分され，株主資本は株主からの出資金（元手）と会社の収益で構成されている。

<table>
<tr><td rowspan="7">純資産</td><td rowspan="6">株主資本</td><td colspan="2">①資本金</td></tr>
<tr><td rowspan="2">②資本剰余金</td><td>④資本準備金</td></tr>
<tr><td>⑤その他資本剰余金</td></tr>
<tr><td rowspan="3">③利益剰余金</td><td>⑥利益準備金</td></tr>
<tr><td>⑦任意積立金</td></tr>
<tr><td>⑧繰越利益剰余金</td></tr>
<tr><td>評価・換算差額等</td><td colspan="2">⑨その他有価証券評価差額金</td></tr>
</table>

①　**資本金**：株式会社が最低限維持しなければならない金額。

②　**資本剰余金**：株主からの払込金額のうち，資本金以外のもの。

③　**利益剰余金**：会社の利益から生じたもの。

④　**資本準備金**：資本金を増加させる取引のうち，資本金として計上しなかった金額。株式払込剰余金は，資本準備金として積立てられる。

⑤　**その他資本剰余金**：資本準備金以外の資本剰余金。配当財源がその他資本剰余金の場合，資本準備金の最低積立額は，配当金の10%（10分の1）となる。

⑥　**利益準備金**：会社法で積立が強制されている金額。配当財源が繰越利益剰余金の場合，利益準備金の最低積立額は，配当金の10%（10分の1）となる。

⑦　**任意積立金**：会社が任意で積立てた金額で，利益準備金以外のもの。

⑧　**繰越利益剰余金**：配当，処分が決定していない利益のこと。利益剰余金のうち，利益準備金および任意積立金以外のもの。

⑨　**その他有価証券評価差額金**：その他有価証券を時価評価した際に生じる換算差額。

MEMO

問題１　**次の一連の取引に関して，仕訳を示しなさい。**

（１）会社設立にともなって，株式（1株あたり¥30,000）を発行し，払込金は当座預金とした。なお，発行可能株式総数は2,000株で，設立にあたって会社法が定める最低数の株式を発行した。

（２）中村株式会社は，設立にあたって，株式800株を1株¥50,000で発行し，全額の引受けと払込みを受け，払込金額は当座預金とした。

問題２　**次の一連の取引に関して，仕訳を示しなさい。**

内川株式会社は，取締役会により増資を決議し，新たに株式200株を1株¥60,000で発行し，全額の引受けと払込みを受け，払込金額は当座預金とした。

問題３　**次の一連の取引に関して，仕訳を示しなさい。**

（１）令和×1年12月31日，松田株式会社は決算を行い，当期純利益¥5,000,000を計上した。なお，繰越利益剰余金の貸方に，¥400,000の残高がある。

（２）令和×2年3月31日の決算に際して，周東株式会社は，当期純損失¥230,000を計上した。なお，繰越利益剰余金の貸方に，¥100,000の残高がある。

問題４　**次の一連の取引に関して，仕訳を示しなさい。**

（１）千賀株式会社の株主総会において，繰越利益剰余金を財源とした剰余金の配当等が以下のように決定した。

株主配当金　¥4,000,000　　利益準備金　¥400,000

別途積立金　¥　100,000

（２）高橋株式会社の株主総会において，その他資本剰余金を財源とした剰余金の配当等が以下のように決定した。

株主配当金　¥　800,000　　資本準備金　¥　80,000

問題 1

	借方科目	金額	貸方科目	金額
(1)				
(2)				

問題 2

借方科目	金額	貸方科目	金額

問題 3

	借方科目	金額	貸方科目	金額
(1)				
(2)				

問題 4

	借方科目	金額	貸方科目	金額
(1)				
(2)				

問題5 次の一連の取引に関して，仕訳を示しなさい。

（1）令和×3年6月30日，甲斐商事株式会社は決算を行い，当期純利益¥2,000,000を計上した。なお，繰越利益剰余金の貸方に，¥400,000の残高がある。

（2）令和×3年9月25日に株主総会が開催され，繰越利益剰余金の処分を以下のように決定した。

利益準備金	会社法が定める最低額	株主配当金	¥1,000,000
配当平均積立金	¥200,000	別途積立金	¥ 360,000

なお，甲斐商事株式会社の資本金は¥90,000,000，資本剰余金は¥15,000,000，利益準備金既積立額は，¥8,000,000である。

（3）令和×3年10月5日，上記配当金の金額を小切手を振出して支払った。

問題5

	借　方　科　目	金　　　　額	貸　方　科　目	金　　　　額
(1)				
(2)				
(3)				

第9章　経過勘定

《ポイント整理》

1．費用・収益の見越と繰延

決算において，適正な当期の損益計算をするためには，当期に支払い，受取りをしていても，次期以降に属する費用と収益は，当期の損益計算から除外する必要がある。この手続きを費用・収益の繰延という。また，次期以降に支払い，受取りをすることになっていても，当期に属する費用と収益に足りない部分を，当期の損益計算に含める必要がある。この手続きを費用・収益の見越という。費用・収益の見越しと繰延べの処理のために設けられる勘定（前払○○，前受○○，未払○○，未収○○）は，決算時に一時経過的に設けられるので，経過勘定と呼ばれる。

(1) 費用の前払

決算において，当期に支払った費用に次期の費用が含まれる場合，それらの費用の勘定から次期の費用を差引き，前払地代，前払家賃，前払保険料（資産勘定）などの経過勘定を設けて，その勘定の借方に記入する。この資産として次期に繰越す前払分を，前払費用という。 前払費用は，次期の期首に当該費用勘定に再振替する。

決算において保険料の前払いがあるとき

（借）前払保険料　×××　　（貸）保　険　料　×××

次期の期首（再振替仕訳）

（借）保　険　料　×××　　（貸）前払保険料　×××

(2) 収益の前受

決算において，当期に受取った収益に次期の収益が含まれる場合，それらの収益の勘定から次期の収益を差引き，前受地代，前受家賃（負債勘定）などの経過勘定を設けて，貸方に記入する。この負債として次期に繰延べる前受分を，前受収益という。前受収益は，次期の期首に当該収益勘定に再振替する。

決算において受取地代に前受けがあるとき

（借）受 取 地 代　×××　　（貸）前 受 地 代　×××

次期の期首（再振替仕訳）

（借）前受地代　×××　　（貸）受取地代　×××

(3) 費用の未払

決算において，当期分だがまだ支払っていない費用がある場合，それらを当期の費用に加算し，未払利息，未払地代（負債勘定）などの経過勘定を設けて，貸方に記入する。この負債として次期に繰越す未払分を，未払費用という。未払費用は次期の期首に当該費用勘定に再振替する。

決算において支払利息に未払があるとき

（借）支払利息　×××　　（貸）未払利息　×××

次期の期首（再振替仕訳）

（借）未払利息　×××　　（貸）支払利息　×××

(4) 収益の未収

決算において，当期分だがまだ受取っていない収益がある場合，それらを当期の収益に加算し，未収利息（資産勘定）などの経過勘定を設けて，借方に記入する。このように資産として次期に繰越す未収分を未収収益という。未収収益は次期の期首に当該収益勘定に再振替する。

決算において受取利息に未収があるとき

（借）未収利息　×××　　（貸）受取利息　×××

次期の期首（再振替仕訳）

（借）受取利息　×××　　（貸）未収利息　×××

2．貯蔵品の処理

事務用品などの消耗品は，購入時に消耗品費（費用）として処理する。郵便切手は，購入時に通信費（費用）として処理する。また，収入印紙も購入時に租税公課（費用）として処理する。このうち，郵便切手と収入印紙は，換金性が高いため，決算において未使用分を，貯蔵品勘定（資産）に振替える処理がされる。貯蔵品勘定は，翌期首に再振替仕訳がされる。

郵便切手の購入時

（借）通 信 費　×××　　（貸）現金など　×××

郵便切手が決算時に残った場合

（借）貯 蔵 品　×××　　（貸）通 信 費　×××

次期の期首（再振替仕訳）

（借）通 信 費　×××　　（貸）貯 蔵 品　×××

収入印紙の購入時

（借）租税公課　×××　　（貸）現金など　×××

収入印紙が決算時に残った場合

（借）貯 蔵 品　×××　　（貸）租税公課　×××

次期の期首（再振替仕訳）

（借）租税公課　×××　　（貸）貯 蔵 品　×××

MEMO

問題１ 次の一連の取引について仕訳をしなさい。

（１）決算において前払費用を計上する。当期の支払った家賃￥500,000のうち，￥400,000は次期の費用である。
（２）決算において前受収益を計上する。当期の受取った地代￥1,200,000のうち￥700,000は次期の収益である。
（３）期首になったため，上記の前払費用の再振替仕訳を行う。
（４）期首になったため，上記の前受収益の再振替仕訳を行う。

問題２ 次の一連の取引について仕訳をしなさい。なお，当社の決算日は12月31日である。

（１）決算につき前払費用を計上する。当期に支払った保険料は￥12,000であり，これは8月1日に1年分の保険料を支払ったものである。
（２）決算につき前受収益を計上する。当期に受取った地代が￥120,000あり，これは9月1日に1年分の地代を受取ったものである。
（３）決算につき未払費用を計上する。8月1日に借入期間1年，年利率3%で借りた借入金￥500,000の利息は，元本とともに返済することになっている。
（４）決算につき未収収益を計上する。9月1日に貸付期間1年，年利率5%で貸付けた貸付金￥120,000の利息は，元本とともに受取ることになっている。

問題３ 次の一連の取引について仕訳をしなさい。

（１）事務に使用される消耗品￥3,500を購入し，代金は現金で支払った。
（２）郵便切手￥9,000と収入印紙￥3,000を購入し，代金は小切手を振出して支払った。
（３）決算において，貯蔵品の棚卸をしたところ郵便切手の未使用分が￥500，収入印紙の未使用分が￥800あったので，これを処理した。
（４）期首になったため，貯蔵品に振替えた郵便切手と収入印紙の再振替仕訳を行う。

問題1

	借方科目	金額	貸方科目	金額
(1)				
(2)				
(3)				
(4)				

問題2

	借方科目	金額	貸方科目	金額
(1)				
(2)				
(3)				
(4)				

問題3

	借方科目	金額	貸方科目	金額
(1)				
(2)				
(3)				
(4)				

第10章 税 金

《ポイント整理》

1. 株式会社における税金

株式会社に課される税金は，課税所得により計算される税金と課税所得と関係なく計算される税金に分けられる。

課税所得により計算される税金	法人税（国税）
	住民税（地方税）
	事業税（地方税）
課税所得と関係なく計算される税金	固定資産税（地方税）
	印紙税（国税）

2. 法人税，住民税及び事業税

課税所得から計算される法人税，住民税，事業税は，法人税，住民税及び事業税（法人税等）勘定（費用）で処理される。税額が一定以上の企業は，中間納付を行い，決算時に法人税等の額が確定する。

① 中間納付時

（借）仮 払 法 人 税 等 ××× （貸）現 金 な ど ×××

② 決算時

（借）法人税，住民税及び事業税 ××× （貸）仮払法人税等 ×××
未払法人税等 ×××

③ 納付時

（借）未 払 法 人 税 等 ××× （貸）現 金 な ど ×××

3. 租税公課

課税所得と関係なく計算される固定資産税や印紙税は，租税公課勘定で処理される。

（借）租 税 公 課 ××× （貸）現 金 な ど ×××

ただし，決算時に未使用の収入印紙がある場合は，その金額を貯蔵品勘定に振替える。

（借）貯 蔵 品 ××× （貸）租 税 公 課 ×××

4．消費税

消費税とは，物品やサービスなどの消費に対して課される税金であり，この税金の負担者は最終消費者であり，納税者は企業である。企業が消費税を受取った場合，仮受消費税勘定（負債）で処理し，支払った場合は仮払消費税勘定（資産）で処理する。このような処理方法を税抜方式という。

① 消費税を受取った場合

（借）	現金など	×××	（貸）	売上	×××
				仮受消費税	×××

② 消費税を支払った場合

（借）	仕入	×××	（貸）	現金など	×××
	仮払消費税	×××			

③ 決算時

（借）	仮受消費税	×××	（貸）	仮払消費税	×××
				未払消費税	×××

④ 納付時

（借）	未払消費税	×××	（貸）	現金など	×××

問題１ 次の一連の取引に関して仕訳を示しなさい。

（１）法人税，住民税及び事業税の中間納付につき，￥300,000 を現金で納付した。
（２）決算の結果，当期の法人税，住民税及び事業税が￥650,000 と算定された。
（３）確定申告を行い，上記（２）の未払分を現金で納付した。

問題２ 次の取引に関して仕訳を示しなさい。

（１）第１期分の固定資産税￥15,000 を現金で納付した。
（２）郵便局で切手￥2,000 と収入印紙￥20,000 を現金で購入した。
（３）決算において，上記（２）の収入印紙のうち￥5,000 が未使用であることがわかった。

問題３ 次の一連の取引に関して仕訳を示しなさい。なお，消費税に関しては税抜方式により処理し，消費税率は 10%とする。

（１）商品￥150,000 を仕入れ，代金は消費税とともに現金で支払った。
（２）上記（１）の商品を￥350,000 で売上げ，代金は消費税とともに掛とした。
（３）決算に際して，納付すべき消費税の額を未払消費税として計上した。
（４）消費税の納付に際して，上記（３）の未払消費税を現金で納付した。

問題1

	借方科目	金額	貸方科目	金額
(1)				
(2)				
(3)				

問題2

	借方科目	金額	貸方科目	金額
(1)				
(2)				
(3)				

問題3

	借方科目	金額	貸方科目	金額
(1)				
(2)				
(3)				
(4)				

第11章　伝票会計

《ポイント整理》

1．伝票会計

伝票とは，取引の内容や仕訳を記載する証票であり，記入された伝票に基づき元帳に転記される。伝票には，取引事実に基づいて，日付，取引相手，金額等を記入する。

2．三伝票制

三伝票制とは，入金取引は入金伝票を，出金取引は出金伝票を，振替取引は振替伝票を起票する方法である。

(1) 入金伝票

入金伝票は，現金収入があったときに起票されるものである。そのため，入金伝票を利用するときは，必ず借方科目は現金であるため，貸方科目とその金額を入金伝票に記入する。

No.　×　　　<u>入　金　伝　票</u>

20××年○月○日

売　上　　　25,000

（借）現　金　25,000　　（貸）売　上　25,000

(2) 出金伝票

出金伝票は，現金支出があったときに起票されるものである。 そのため，出金伝票を起票するときは，必ず貸方科目が現金であるため，借方科目とその金額を出金伝票に記入する。

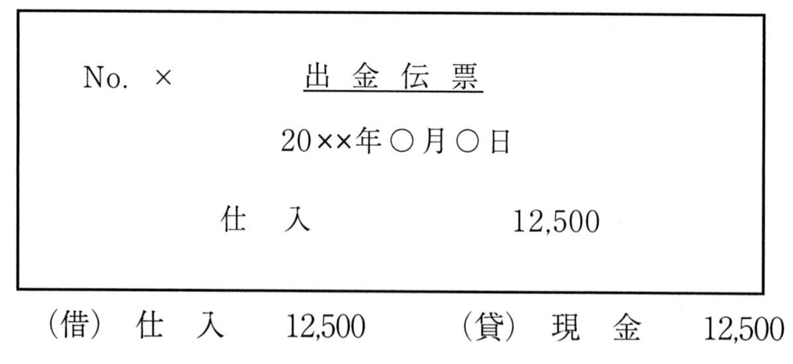

No.　×　　　<u>出　金　伝　票</u>

20××年○月○日

仕　入　　　12,500

（借）仕　入　12,500　　（貸）現　金　12,500

(3) 振替伝票

三伝票制において振替伝票は，入金取引と出金取引以外の取引を行ったときに起票されるものである。そのため，入金伝票や出金伝票とは異なり，振替伝票には借方科目，貸方科目とその金額を記入する。借方または貸方科目が複数の場合は，借方と貸方が１つの勘定科目となるように取引を分割して１枚ずつ起票する。

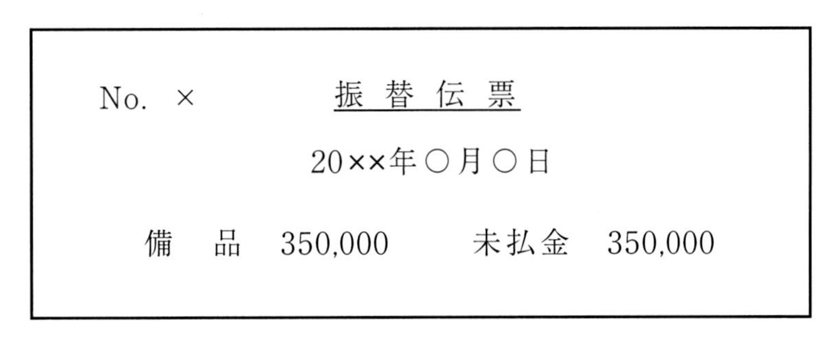

（借）備　品　350,000　　（貸）未払金　350,000

三伝票制における転記の流れ

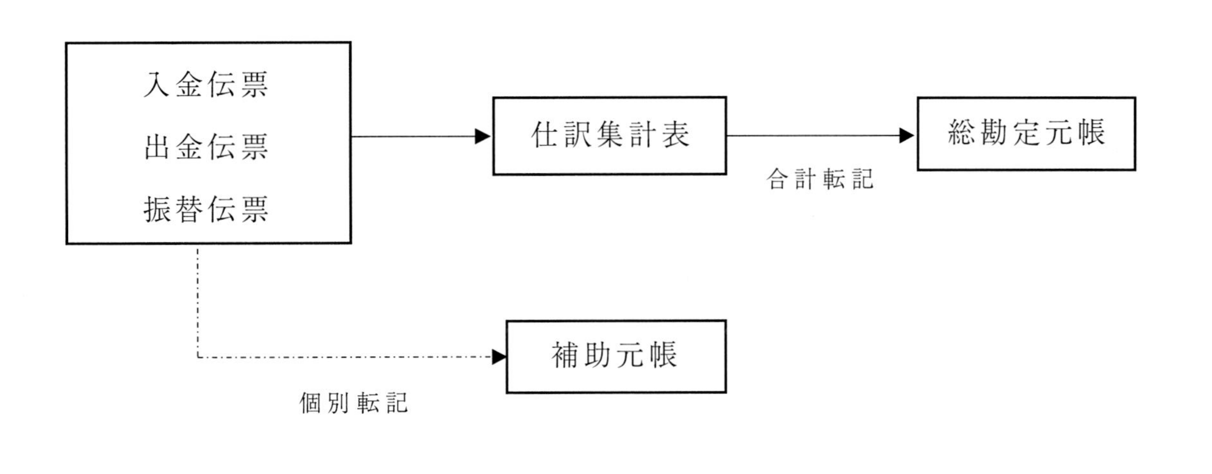

問題1 次の（1）から（3）の伝票（略式）に記入されている取引について仕訳を示しなさい。

（1）

入金伝票	
売　上	20,000

（2）

出金伝票	
買掛金	10,000

（3）

振替伝票			
備　品	30,000	未払金	30,000

問題2 A社は商品を販売し，代金￥46,000のうち￥30,000を現金で受取り，残額を掛とした。その際，入金伝票を（1）のように作成した場合と（2）のように作成した場合のそれぞれについて，解答用紙の振替伝票の記入をしなさい。

（1）

入金伝票	
売　上	30,000

（2）

入金伝票	
売掛金	30,000

問題1

	借方科目	金　　額	貸方科目	金　　額
(1)				
(2)				
(3)				

問題2

(1)

振替伝票			
借方科目	金　　額	貸方科目	金　　額

(2)

振替伝票			
借方科目	金　　額	貸方科目	金　　額

問題３ 次の２枚の伝票は，ある１つの取引について作成されたものである。これらの伝票から取引を推定して，その取引の仕訳を示しなさい。

入金伝票	
売　上	180, 000

振替伝票			
売掛金	300,000	売　上	300,000

問題3

借方科目	金　　額	貸方科目	金　　額

第12章　決　算

《ポイント整理》

1．決算手続

決算手続には，決算予備手続，決算本手続，および財務諸表の作成という一連の過程がある。

2．決算予備手続

決算予備手続は以下の内容と順序で行われる。

(1) 試算表の作成

試算表は，期中における仕訳帳から総勘定元帳への転記が，正確に行われたかを確認するために作成される。試算表には，合計試算表，残高試算表，合計残高試算表，繰越試算表などの種類がある。

(2) 棚卸表の作成と修正事項（決算整理事項）の整理

主な決算整理事項は以下のとおりである。

① 現金過不足勘定の整理
② 当座預金貸方残高の当座借越勘定への振替
③ 売上原価の計算
④ 売上債権に対する貸倒の見積
⑤ 有形固定資産の減価償却
⑥ 収益・費用の前受・前払と未収・未払
⑦ 貯蔵品の棚卸
⑧ 消費税の処理
⑨ 法人税等の処理

(3) 試算表および修正事項から精算表を作成

精算表は決算の概要を一覧表示するとともに，それによって事前に決算の計算過程やその結果を確認できる。

精　算　表

20××年3月31日

勘定科目	試算表		修正記入		損益計算書		貸借対照表	
	借方	貸方	借方	貸方	借方	貸方	借方	貸方
資産の勘定	3,000		+1,000	−			4,000	
負債の勘定		800	−100	+300				1,000
純資産の勘定		2,000	−	+				2,000
収益の勘定		1,600	−	+500		2,100		
費用の勘定	1,400		+	−300	1,100			
当期純利益					1,000			1,000
	4,400	4,400	1,100	1,100	2,100	2,100	4,000	4,000

3．決算本手続

決算本手続では，決算予備手続に基づいて帳簿上で実際に記帳処理を行い，最終的に帳簿を締切って期間的な区切りをつける。

(1) 精算表を利用しての各勘定の修正記入（決算整理仕訳）

決算本手続では，まず精算表の修正記入欄を利用して，総勘定元帳の各勘定の修正記入を行う。この時，修正記入後の総勘定元帳記録の正否を検証するために決算整理後試算表が作成されることがある。

① 現金過不足勘定の整理

（借）雑　　　損　×××　（貸）現金過不足　×××

② 当座預金貸方残高の当座借越勘定への振替

（借）当座預金　×××　（貸）当座借越　×××

③ 売上原価の計算

（借）仕　　　入　×××　（貸）繰越商品　×××
　　　繰越商品　×××　　　　仕　　　入　×××

④ 売上債権に対する貸倒の見積

（借）貸倒引当金繰入　×××　（貸）貸倒引当金　×××

⑤ 有形固定資産の減価償却

（借）減価償却費　×××　（貸）減価償却累計額　×××

⑥　収益・費用の前受・前払と未収・未払

（借）前　払　○　○　×××	（貸）支　払　○　○　×××
（借）未　収　○　○　×××	（貸）受　取　○　○　×××
（借）支　払　○　○　×××	（貸）未　払　○　○　×××
（借）受　取　○　○　×××	（貸）前　受　○　○　×××

⑦　貯蔵品の棚卸

（借）貯　蔵　品　×××	（貸）租　税　公　課　×××
	通　信　費　×××

⑧　消費税の処理

（借）仮受消費税　×××	（貸）仮払消費税　×××
	未払消費税　×××

⑨　法人税等の処理

（借）法人税，住民税及び事業税　×××	（貸）仮払法人税等　×××
	未払法人税等　×××

(2) 帳簿の締切

修正記入後，帳簿の締切を行う。その手順は以下のとおりである。

①　損益勘定を設定し，収益・費用の各勘定残高を損益勘定に振替

②　損益勘定残高を繰越利益剰余金勘定へ振替

③　収益・費用の各勘定と損益勘定の締切

④　資産・負債・純資産（資本）の各勘定の締切，各勘定の繰越

⑤　繰越試算表の作成（英米式決算法）

4．財務諸表の作成

決算本手続終了後，その結果を報告するために損益計算書や貸借対照表などの財務諸表が作成される。損益計算書は，決算によって明らかとなった当該会計期間の経営成績を示すために作成され，貸借対照表はその期末の財政状態を示すために作成される。

MEMO

問題1 次の決算整理前残高試算表と決算整理仕訳に基づいて，解答欄の決算整理後残高試算表を完成させなさい。なお，会計期間は20X1年4月1日から20X2年3月31日までの1年間である。

決算整理前残高試算表

20×2年3月31日

借方 残高	勘定科目	貸方 残高
30,000	現金	
220,000	受取手形	
280,000	売掛金	
48,000	繰越商品	
50,000	仮払消費税	
240,000	備品	
	支払手形	200,000
	買掛金	160,000
	仮受消費税	75,000
	貸倒引当金	8,000
	備品減価償却累計額	162,000
	資本金	200,000
	繰越利益剰余金	50,000
	売上	750,000
	受取利息	10,000
500,000	仕入	
117,000	給料	
110,000	支払家賃	
20,000	支払保険料	
1,615,000		1,615,000

① 貸倒引当金の設定

（借）貸倒引当金繰入 7,000　（貸）貸倒引当金 7,000

② 売上原価の算定（仕入勘定で計算）

（借）仕入 48,000　（貸）繰越商品 48,000

繰越商品 70,000　仕入 70,000

③ 有形固定資産（備品）の減価償却

（借）備品減価償却費 27,000　（貸）備品減価償却累計額 27,000

④ 受取利息の未収処理

（借）未収利息 9,000　（貸）受取利息 9,000

⑤ 支払家賃の未払処理

（借）支払家賃 10,000　（貸）未払家賃 10,000

⑥ 保険料の前払処理

（借）前払保険料 2,000　（貸）支払保険料 2,000

⑦ 消費税の処理

（借）仮受消費税 75,000　（貸）仮払消費税 50,000

未払消費税 25,000

問題 1

決算整理後残高試算表

20×2年 3月31日

借方 残高	勘定科目	貸方 残高
	現金	
	受取手形	
	売掛金	
	（　　）利息	
	（　　）保険料	
	繰越商品	
	備品	
	支払手形	
	買掛金	
	（　　）家賃	
	未払消費税	
	貸倒引当金	
	備品減価償却累計額	
	資本金	
	繰越利益剰余金	
	売上	
	受取利息	
	仕入	
	給料	
	支払家賃	
	支払保険料	
	貸倒引当金繰入	
	（　　　　）	

問題2 次の決算整理事項に基づいて，精算表を完成させなさい（会計期間：20X1 年 4 月 1 日から 20X2 年 3 月 31 日）。

決算整理事項

① 受取手形および売掛金の期末残高に対して，3%の貸倒を見積もる（差額補充法）。

② 商品期末有高は￥70,000 である。

③ 備品について，減価償却を行う。償却方法は定額法により，耐用年数は 8 年，残存価額は取得原価の 10%である。

④ 受取利息￥9,000 が未収である。

⑤ 支払家賃は月￥10,000 であるが，20×2 年 3 月分が未払となっている。

⑥ 支払保険料のうち￥12,000 は 20×1 年 6 月 1 日に向こう 1 年分を前払いしたもので，2 ヶ月分が未経過である。

⑦ 仮払消費税と仮受消費税を相殺し，その差額を未払消費税として計上する。

問題2

精　　算　　表

勘定科目	試算表		修正記入		損益計算書		貸借対照表	
	借方	貸方	借方	貸方	借方	貸方	借方	貸方
現金	30,000							
受取手形	220,000							
売掛金	280,000							
繰越商品	48,000							
仮払消費税	50,000							
備品	240,000							
支払手形		200,000						
買掛金		160,000						
仮受消費税		75,000						
貸倒引当金		8,000						
備品減価償却累計額		162,000						
資本金		200,000						
繰越利益剰余金		50,000						
売上		750,000						
受取利息		10,000						
仕入	500,000							
給料	117,000							
支払家賃	110,000							
支払保険料	20,000							
	1,615,000	1,615,000						
貸倒引当金繰入								
(　　　　　)								
(　　　)利息								
(　　　)家賃								
(　　　)保険料								
未払消費税								
当期純(　　　)								

問題3 **次の決算整理事項に基づいて，精算表を完成させなさい（会計期間：20X5 年 4 月 1 日から 20X6 年 3 月 31 日）。**

決算整理事項

① 現金過不足について，その原因は判明しなかったため，雑損または雑益として処理する。

② 当座預金勘定の貸方残高について，その全額を当座借越勘定に振替える。なお，取引銀行とは借越限度額 ¥500,000 の当座借越契約を結んでいる。

③ 期末商品棚卸高は ¥110,000 である。売上原価は「仕入」の行で計算すること。

④ 受取手形および売掛金の期末残高に対し，5%の貸倒を見積もる（差額補充法）。

⑤ 建物（耐用年数:20 年，残存価額:取得原価の 10%）および備品（耐用年数:10 年，残存価額:ゼロ）について，定額法により減価償却を行う。

⑥ 受取手数料のうち ¥4,000 を前受分として処理する。

⑦ 購入時に費用処理していた収入印紙の未使用分が ¥1,000 分あった。

⑧ 仮払消費税と仮受消費税を相殺し，その差額を未払消費税として計上する。

⑨ 当期の法人税，住民税及び事業税は ¥233,600 と算定された。仮払法人税との差額は未払法人税等として計上する。

問題3

精　算　表

勘定科目	試算表		修正記入		損益計算書		貸借対照表	
	借方	貸方	借方	貸方	借方	貸方	借方	貸方
現金	30,000							
現金過不足	2,000							
当座預金		50,000						
受取手形	200,000							
売掛金	160,000							
仮払法人税等	115,000							
仮払消費税	150,000							
繰越商品	120,000							
建物	2,000,000							
備品	1,000,000							
土地	3,000,000							
支払手形		120,000						
買掛金		60,000						
仮受消費税		300,000						
貸倒引当金		6,000						
建物減価償却累計額		450,000						
備品減価償却累計額		800,000						
資本金		3,000,000						
繰越利益剰余金		1,190,000						
売上		3,000,000						
受取利息		17,000						
受取手数料		7,000						
仕入	1,500,000							
給料	640,000							
支払保険料	10,000							
通信費	45,000							
消耗品費	20,000							
租税公課	8,000							
	9,000,000	9,000,000						
雑（　　）								
当座借越								
貸倒引当金繰入								
建物減価償却費								
備品減価償却費								
（　　）手数料								
（　　　　）								
未払消費税								
法人税，住民税及び事業税								
未払法人税等								
当期純（　　）								

問題４ 次の決算整理後残高試算表に基づいて，解答欄の貸借対照表と損益計算書を完成させなさい（会計期間：20X5 年 4 月 1 日から 20X6 年 3 月 31 日）。なお，受取手形と売掛金の期末残高に対して，5%の貸倒引当金が設定されている。

決算整理後残高試算表

20×6年3月31日

借方 残高	勘定科目	貸方 残高
30,000	現金	
200,000	受取手形	
160,000	売掛金	
110,000	繰越商品	
1,000	貯蔵品	
2,000,000	建物	
1,000,000	備品	
3,000,000	土地	
	支払手形	120,000
	買掛金	60,000
	当座借越	50,000
	前受手数料	4,000
	未払消費税	150,000
	未払法人税等	118,600
	貸倒引当金	18,000
	建物減価償却累計額	540,000
	備品減価償却累計額	900,000
	資本金	3,000,000
	繰越利益剰余金	1,190,000
	売上	3,000,000
	受取利息	17,000
	受取手数料	3,000
1,510,000	仕入	
640,000	給料	
10,000	支払保険料	
45,000	通信費	
20,000	消耗品費	
7,000	租税公課	
12,000	貸倒引当金繰入	
90,000	建物減価償却費	
100,000	備品減価償却費	
2,000	雑損	
233,600	法人税，住民税及び事業税	
9,154,600		9,154,600

問題4

貸借対照表

20×6年（　　）月（　　）日

資産	金額	金額	負債および純資産	金額
現金		（　　）	支払手形	（　　）
受取手形	（　　）		買掛金	（　　）
貸倒引当金	（△　　）	（　　）	当座借越	（　　）
売掛金	（　　）		前受収益	（　　）
貸倒引当金	（△　　）	（　　）	未払消費税	（　　）
商品		（　　）	未払法人税等	（　　）
貯蔵品		（　　）	資本金	（　　）
建物	（　　）		繰越利益剰余金	（　　）
減価償却累計額	（△　　）	（　　）		
備品	（　　）			
減価償却累計額	（△　　）	（　　）		
土地		（　　）		
		（　　）		

損益計算書

20×5年（　　）月（　　）日から20×6年（　　）月（　　）日まで

費用	金額	収益	金額
売上原価	（　　）	売上高	（　　）
給料	（　　）	受取利息	（　　）
支払保険料	（　　）	受取手数料	（　　）
通信費	（　　）		
消耗品費	（　　）		
租税公課	（　　）		
貸倒引当金繰入	（　　）		
建物減価償却費	（　　）		
備品減価償却費	（　　）		
雑損	（　　）		
法人税，住民税及び事業税	（　　）		
当期純利益	（　　）		
	（　　）		（　　）

簿記の問題集［基礎編］

解答編

第１章　複式簿記の基礎

問題１

(1)	○	(2)	×	(3)	×	(4)	○	(5)	○

問題２

例	現金の（ 増加 ）→ 現金勘定の（ 借方 ）	借入金の（ 増加 ）→ 借入金勘定の（ 貸方 ）
(1)	現金の（ 増加 ）→ 現金勘定の（ 借方 ）	資本金の（ 増加 ）→ 資本金勘定の（ 貸方 ）
(2)	仕入の（ 発生 ）→ 仕入勘定の（ 借方 ）	買掛金の（ 増加 ）→ 買掛金勘定の（ 貸方 ）
(3)	備品の（ 増加 ）→ 備品勘定の（ 借方 ）	現 金 の（ 減少 ）→ 現 金 勘 定 の（ 貸方 ）
(4)	現金の（ 増加 ）→ 現金勘定の（ 借方 ）	受取利息の（ 発生 ）→ 受取利息勘定の（ 貸方 ）
(5)	給料の（ 発生 ）→ 給料勘定の（ 借方 ）	現 金 の（ 減少 ）→ 現 金 勘 定 の（ 貸方 ）

問題３

現	金
(1) 100,000	(3) 350,000
(2) 800,000	(4) 280,000
(5) 350,000	(6) 90,000
	(7) 19,000
	(8) 260,000
	(9) 809,000

備	品
(3) 350,000	

買	掛 金
	(8) 500,000

借	入 金
(9) 800,000	(2) 800,000

資	本 金
	(1) 100,000

売	上
	(5) 350,000

仕	入
(4) 280,000	
(8) 760,000	

給	料
(6) 90,000	

水道光熱費	
(7) 4,000	

通 信 費	
(7) 15,000	

支払利息	
(9) 9,000	

問題４

	期首純資産	期末資産	期末負債	期末純資産	収　　益	費　　用	当期純損益
1	28,000	48,000	11,000	37,000	15,000	6,000	9,000
2	9,600	17,000	4,000	13,000	12,000	8,600	3,400
3	36,000	53,000	19,000	34,000	21,000	23,000	−2,000
4	73,000	155,000	65,000	90,000	49,000	32,000	17,000

第２章　簿記一巡の手続

問題１

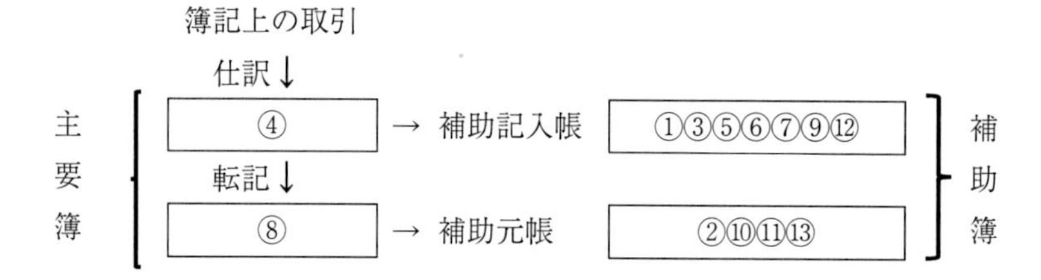

〔解説〕

期中手続は，簿記上の取引を主要簿（仕訳帳・総勘定元帳）に仕訳・転記することにより記帳されるが，取引の実情や実務上の要請に応じて補助簿が設けられる場合がある。補助簿にはさまざまなものがあるが，補助記入帳あるいは補助元帳のいずれかに類別される。

問題２

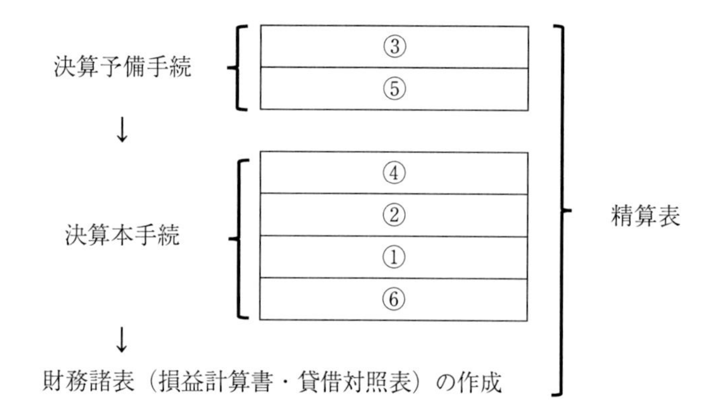

〔解説〕

決算は，さまざまな作業から成り立っているため，手順を十分に整理・理解してほしい。

問題3

現　金

4/1	資本金	300,000	4/6	仕　入	150,000
10	借入金	200,000	18	備　品	250,000
20	売　上	350,000	25	給　料	95,000
			28	諸　口	155,000

備　品

4/18	現　金	250,000			

資本金

			4/1	現　金	300,000

借入金

4/28	現　金	150,000	4/10	現　金	200,000

仕　入

4/6	現　金	150,000			

売　上

			4/20	現　金	350,000

給　料

4/25	現　金	95,000			

支払利息

4/28	現　金	5,000			

合計残高試算表

借方		勘定科目	貸方	
残　高	合　計		合　計	残　高
200,000	850,000	現　金	650,000	
250,000	250,000	備　品		
	150,000	借入金	200,000	50,000
		資本金	300,000	300,000
		売　上	350,000	350,000
150,000	150,000	仕　入		
95,000	95,000	給　料		
5,000	5,000	支払利息		
700,000	1,500,000		1,500,000	700,000

〔解説〕

仕訳を総勘定元帳に転記する際，正しくは日付と相手勘定も記入する。なお，4/28の現金勘定貸方への転記は，相手勘定が複数あるため「諸口」と記入する。

問題4

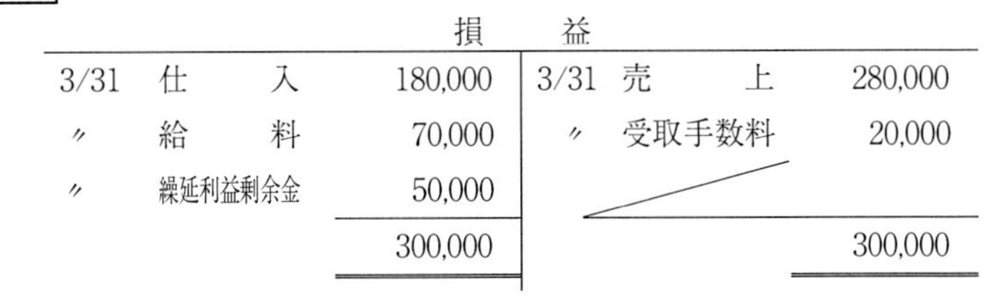

損　益

3/31	仕　入	180,000	3/31	売　上	280,000
〃	給　料	70,000	〃	受取手数料	20,000
〃	繰延利益剰余金	50,000			
		300,000			300,000

〔解説〕

決算振替仕訳は次のとおりである。損益勘定への転記は，相手勘定が複数であっても「諸口」として省略しない。

	借方科目	金　額	貸方科目	金　額
収益の損益勘定への振替	売　上 受取手数料	280,000 20,000	損　益	300,000
費用の損益勘定への振替	損　益	250,000	仕　入 給　料	180,000 70,000
当期純損益の繰越利益剰余金勘定への振替	損　益	50,000	繰越利益剰余金	50,000

問題5

精 算 表

勘定科目	残高試算表		損益計算書		貸借対照表	
	借　方	貸　方	借　方	貸　方	借　方	貸　方
現　　金	350,000				350,000	
借 入 金		100,000				100,000
資 本 金		200,000				200,000
売　　上		280,000		280,000		
受取手数料		20,000		20,000		
仕　　入	180,000		180,000			
給　　料	70,000		70,000			
当期純利益			50,000			50,000
	600,000	600,000	300,000	300,000	350,000	350,000

損 益 計 算 書

費　用	金　額	収　益	金　額
仕　　入	180,000	売　　上	280,000
給　　料	70,000	受取手数料	20,000
当期純利益	50,000		
	300,000		300,000

貸 借 対 照 表

資　産	金　額	負債・純資産	金　額
現　　金	350,000	借 入 金	100,000
		資 本 金	200,000
		繰越利益剰余金	50,000
	350,000		350,000

〔解説〕

貸借対照表においては，当期純利益は繰越利益剰余金勘定に振替えられているため，「当期純利益」とはしない。

第3章　現金預金

問題1

	借方科目	金　額	貸方科目	金　額
(1)	現　金	25,000	売　掛　金	25,000
(2)	現　金	50,000	売　掛　金	50,000
(3)	現　金	60,000	受取手数料	60,000
(4)	現　金	10,000	受取配当金	10,000
(5)	現　金	15,000	有価証券利息	15,000
(6)	給　料	260,000	現　金	260,000

〔解説〕
(2)(3)(4)(5) 他人振出の小切手，送金小切手，配当金領収書，期限到来済の利札等は簿記上の現金となる。

現　金　出　納　帳

令和○年		摘　　要	収入	支出	残高
4	1	前月繰越	200,000		200,000
	8	中居商店から売掛金回収	25,000		225,000
	15	木村商店から売掛金回収	50,000		275,000
	20	草彅商店より手数料受取	60,000		335,000
	23	配当金領収書受領	10,000		345,000
	28	期限到来済の利札記入もれ	15,000		360,000
	30	4月分給料支払		260,000	100,000
	30	**次月繰越**		100,000	
			360,000	360,000	
5	1	前月繰越	100,000		100,000

〔解説〕現金出納帳の記入
① 取引の日付を記入する。
② 摘要欄に取引の簡単な説明を記入する。
③ 収入欄には収入金額（現金の増加）を，支払欄には支払金額（現金の減少）を記入する。
④ 残高欄には，その取引後の現金残高（収入欄合計額－支払欄合計額）を記入する。
⑤ 締切を行う際の次月繰越記入は，日付欄・摘要欄・金額欄すべて赤字で記入する。
⑥ 二重線による締切は，日付欄・収入欄・支払欄・残高欄について行う。

問題2

	借方科目	金　額	貸方科目	金　額
(1)	現金過不足	5,000	現金	5,000
(2)	旅費交通費	3,000	現金過不足	5,000
	雑損	2,000		
(3)	現金	6,000	現金過不足	6,000
(4)	現金過不足	6,000	受取手数料	1,000
			現金	4,000
			雑益	1,000

〔解説〕

(1) 現金不足の場合は現金の減少とし，その原因が不明なので現金過不足勘定の借方に記入する。

(2) その原因がわかったときは，現金過不足勘定の残高が借方なので，貸方に記入し，原因が判明した勘定（ここでは旅費交通費）の借方に記入する。決算までに原因がわからなかった金額は，雑損勘定に振替える。

(3) 現金過剰の場合は現金の増加とし，その原因が不明なので現金過不足勘定の貸方に記入する。

(4) その原因がわかったときは，現金過不足勘定の残高が貸方なので，借方に記入する。同時に原因が判明した勘定（ここでは受取手数料勘定の貸方および現金勘定の貸方）に記入する。決算までに原因がわからなかった金額は，雑益勘定に振替える。

問題3

	借方科目	金　額	貸方科目	金　額
(1)	当座預金	500,000	現金	500,000
(2)	買掛金	300,000	当座預金	300,000
(3)	仕入	350,000	当座預金	350,000
(4)	当座預金	250,000	売掛金	250,000

〔解説〕

(3) 当座借越であっても，当座預金勘定を使用し貸方に記入する。当座預金の貸方残高が当座借越額となる。

当座預金出納帳

令和○年		摘　要	預入	引出	借または貸	残高
5	2	現金預入	500,000		借	500,000
	6	加藤商店に買掛金支払		300,000	借	200,000
	14	手越株式会社から仕入　小切手振出		350,000	貸	150,000
	20	増田商店の売掛金回収	250,000		借	100,000
	31	**次月繰越**		100,000		
			750,000	750,000		
6	1	前月繰越	100,000		借	100,000

〔**解説**〕当座預金出納帳の記入

① 取引の日付を記入する。
② 摘要欄に取引の簡単な説明を記入する。
③ 預入欄には預入金額（当座預金の増加）を，引出欄には引出金額（当座預金の減少）を記入する。
④ 借または貸には，その取引後の当座預金残高が借方にあるか貸方にあるかを記入する。貸方残高の場合は当座借越額を意味する。
⑤ 残高欄には，その取引後の当座預金残高（預入欄合計額－引出欄合計額）を記入する。
⑥ 締切を行う際の次月繰越記入は，日付欄・摘要欄・金額欄すべて赤字で記入する。
⑦ 二重線による締切は，日付欄・預入欄・引出欄・残高欄について行う。

問題4

小口現金出納帳

受入	令和○年		摘要	支払	内訳			
					交通費	通信費	消耗品費	雑費
30,000	7	1	前週繰越					
		〃	交通系 IC カード	2,000	2,000			
		〃	接待用茶菓子代	5,000				5,000
		2	電話代	2,000		2,000		
		〃	郵便切手	5,200		5,200		
		3	ボールペン	3,000			3,000	
		4	新聞購読料	1,500				1,500
		5	タクシー代	5,000	5,000			
		〃	郵便はがき	2,000		2,000		
			合計	25,700	7,000	9,200	3,000	6,500
25,700		5	本日補給					
		〃	**次週繰越**	30,000				
55,700				55,700				
30,000	7	8	前週繰越					

〔**解説**〕小口現金出納帳の記入

① 取引の日付を記入する。
② 受入欄に受入れた（補給）金額を記入する。
③ 摘要欄に支払内容を記入する。
④ 支払欄に支払った金額を記入する。
⑤ 内訳欄に支払内容によって分類された金額を記入する。
⑥ 摘要欄に合計と記入し，支払欄に小口現金の支払合計額を記入する。
⑦ 週末の日付を記入し，週末に支払われた金額を補給し，受入欄に金額を記入する。
⑧ 次週繰越記入は，日付欄・摘要欄・支払欄すべて赤字で記入する。なお，支払欄は補給した後の金額を記入する。
⑨ 二重線による締切は，受入欄・日付欄・支払欄・内訳欄について行う。

問題5

	借方科目	金　額	貸方科目	金　額
7/5	旅費交通費	7,000	小口現金	25,700
	通信費	9,200		
	消耗品費	3,000		
	雑費	6,500		
	小口現金	25,700	当座預金	25,700

〔解説〕以下の仕訳でも良い。

（借）旅費交通費 7,000　（貸）当座預金 25,700
　　通信費 9,200
　　消耗品費 3,000
　　雑費 6,500

第4章　商品売買

問題1

	借方科目	金　額	貸方科目	金　額
（1）	仕入	500,000	当座預金	500,000
（2）	仕入	104,000	買掛金	100,000
			現金	4,000
（3）	現金	8,000	仕入	8,000

〔解説〕

（2）商品仕入時に支払う引取運賃などの付随費用は，仕入勘定に含めて処理する。

（3）仕入値引，仕入戻し等，販売以外の商品の減少は，仕入勘定の貸方に記入する。

問題2

	借方科目	金　額	貸方科目	金　額
（1）	売掛金	300,000	売上	300,000
（2）	売掛金	500,000	売上	500,000
	発送費	5,000	現金	5,000
（3）	売掛金	505,000	売上	500,000
			現金	5,000
（4）	売掛金	100,000	売掛金	100,000

〔解説〕

（3）先方負担の発送費の支払は，先方に対する債権の増加になるため，次の仕訳でもよい。

（借）売掛金 500,000　（貸）売上 500,000
　　立替金 5,000　　　現金 5,000

問題3

仕　入　帳

日付		摘　要	内　訳	金　額
5	2	大久保商店　　掛		
		A商品　5台　@¥ 50,000		250,000
	5	船越商店　　掛		
		A商品　2台　@¥ 55,000	110,000	
		B商品　5台　@¥ 100,000	500,000	610,000
	7	船越商店　　値引き		
		A商品　2台　@¥ 5,000		10,000
	9	三浦商店　　掛・小切手		
		B商品　2台　@¥ 120,000		240,000
	31	総仕入高		1,100,000
		仕入値引高		10,000
		純仕入高		1,090,000

〔解説〕

（1）取引の日付を記入する。

（2）摘要欄に仕入取引の詳細（仕入先名，品目，数量，単価，代金支払条件）を記入する。

（3）金額欄に仕入金額を記入する。なお，２種類以上の商品を同時に仕入れたい場合には，その内訳をいったん内訳欄に記入した後に，その合計を金額欄に記入する。

（4）仕入値引・返品の記入は，日付欄，摘要欄，金額欄，すべて朱書きする。

（5）締切を行う場合には，まず，総仕入高（朱書部分を除く金額欄の合計）を求め，次いで，仕入値引・返品高（朱書部分の金額合計）を求め，差引いて純仕入高を表示する。

問題4

売　上　帳

日付		摘　要	内　訳	金　額
9	10	大島商店　　小切手		
		紳士服　6着　@¥ 10,000		60,000
	12	村上商店　　現　金		
		婦人服　2着　@¥ 15,000	30,000	
		紳士服　5着　@¥ 20,000	100,000	130,000
	15	黒沢商店　　掛		
		婦人服　3着　@¥ 25,000		75,000
	18	**黒沢商店　　掛返品**		
		婦人服　2着　@¥ 25,000		50,000
	30	総売上高		265,000
		売上戻り高		**50,000**
		純売上高		230,000

〔解説〕
（1）取引の日付を記入する。
（2）摘要欄に売上取引の詳細（売上先名，品目，数量，単価，代金支払条件）を記入する。
（3）金額欄に売上金額を記入する。なお，2種類以上の商品を同時に販売した場合には，その内訳をいったん内訳欄に記入した後に，その合計を金額欄に記入する。
（4）売上値引・返品の記入は，日付欄，摘要欄，金額欄，すべて朱書きする。
（5）締切を行う場合には，まず，総売上高（朱書部分を除く金額欄の合計）を求め，次いで，売上値引・返品高（朱書部分の金額合計）を求め，差引いて純売上高を表示する。

問題5

商品有高帳

先入先出法

令和○年		摘要	受入			払出			残高		
			数量	単価	金額	数量	単価	金額	数量	単価	金額
7	1	前月繰越	6	5,000	30,000				6	5,000	30,000
	21	仕入	40	5,000	200,000				46	5,000	230,000
	23	売上				16	5,000	80,000	30	5,000	150,000
	27	仕入	20	5,200	104,000				{ 30	5,000	150,000
									{ 20	5,200	104,000
	30	売上				{ 30	5,000	150,000			
						{ 6	5,200	31,200	14	5,200	72,800
	31	**次月繰越**				**14**	**5,200**	**72,800**			
			66		334,000	66		334,000			
8	1	前月繰越	14	5,200	72,800				14	5,200	72,800

〔解説〕
（1）取引の日付を記入する。
（2）摘要欄には「仕入」または「売上」と記入する。
（3）仕入（商品の増加）の場合は受入高欄に，売上（商品の減少）の場合は払出高欄に，それぞれの数量・単価・金額を原価で記入する。資料に売価が示されている場合でも，売価は記入しない。
（4）残高欄には，取引後の残高の数量・単価・金額を記入する。
（5）先入先出法の記帳方法
　① 新たに仕入れた商品の単価と残高欄の商品の単価が同じ場合には，金額と数量をそれぞれ合計して残高欄に記入する。単価はそのままとする。
　② 新たに仕入れた商品の単価と残高欄の商品の単価が異なる場合には，残高欄にそれぞれの数量と単価を記入し，"{"（カッコ）で括る。
　③ 払出が行われたときに，残高欄に異なる単価の商品がある場合には，仕入の日付を確認して，先に仕入れたものから順に払出されたものとして記帳する。

問題6

商 品 有 高 帳

移動平均法

令和	○年	摘要	受入 数量	受入 単価	受入 金額	払出 数量	払出 単価	払出 金額	残高 数量	残高 単価	残高 金額
7	1	前月繰越	6	5,000	30,000				6	5,000	30,000
	21	仕入	40	5,000	200,000				46	5,000	230,000
	23	売上				16	5,000	80,000	30	5,000	150,000
	27	仕入	20	5,200	104,000				50	5,080	254,000
	30	売上				36	5,080	182,880	14	5,080	71,120
	31	**次月繰越**				**14**	**5,080**	**71,120**			
			66		334,000	66		334,000			
8	1	前月繰越	14	5,080	71,120				14	5,080	71,120

〔解説〕移動平均法の記帳方法

① 新たに仕入れた商品の単価と残高欄の商品の単価が同じ場合には，金額と数量をそれぞれ合計して残高欄に記入する。単価はそのままとする。

② 新たに仕入れた商品の単価と残高欄の商品の単価が異なる場合には，金額と数量をそれぞれ合計して残高欄に記入し，新単価（平均単価）を計算して単価欄に記入する。

$$平均単価 = \frac{残高欄の金額 + 受入金額}{残高欄の数量 + 受入数量} \qquad 21日の平均単価 = \frac{30{,}000 + 200{,}000}{6 + 40}$$

③ 払出が行われたときには，残高欄に記入してある単価によって払出の記帳を行う。

第5章 債権債務

問題1

	借方科目	金額	貸方科目	金額
(1)	売掛金	730,000	売上	730,000
(2)	受取手形	240,000	売掛金	240,000
(3)	仕入	310,000	買掛金	310,000
(4)	買掛金	214,000	現金	214,000

問題2

	借方科目	金額	貸方科目	金額
(1)	現金	500,000	土地	2,500,000
	未収入金	2,000,000		
(2)	当座預金	2,000,000	未収入金	2,000,000
(3)	建物	300,000	現金	120,000
			未払金	180,000
(4)	未払金	68,000	当座預金	68,000

〔解説〕

商品以外（建物・備品・車両・有価証券など）の売買金額を，後日回収または支払う場合に生じる債権・債務は未収入金勘定または未払金勘定で処理を行う。商品の場合には，売掛金・買掛金という科目を使用するので混同しないように注意する。

問題3

	計 算 過 程	金 額
(1)	$¥115{,}000 \times 4\% \times \frac{146日}{365日} = ¥1{,}840$	1,840
(2)	$¥450{,}000 \times 3\% \times \frac{3ヶ月}{12ヶ月} = ¥3{,}375$	3,375

〔解説〕

利息計算は，以下の算式で行う。

$$借入（貸付）金額 \times 年利率 \times \frac{借入日数（または借入月数）}{365日（または12ヶ月）} = 利息金額$$

問題4

	借 方 科 目	金 額	貸 方 科 目	金 額
(1)	借 入 金	270,000	現 金	271,500
	支 払 利 息	1,500		
(2)	当 座 預 金	137,760	借 入 金	140,000
	支 払 利 息	2,240		
(3)	当 座 預 金	380,000	貸 付 金	380,000
	現 金	20,000	受 取 利 息	20,000
(4)	貸 付 金	210,000	現 金	206,500
			受 取 利 息	3,500

問題5

		借 方 科 目	金 額	貸 方 科 目	金 額
(1)	A	前 払 金	160,000	現 金	160,000
	B	現 金	160,000	前 受 金	160,000
(2)	A	仕 入	460,000	前 払 金	160,000
				買 掛 金	300,000
	B	前 受 金	160,000	売 上	460,000
		売 掛 金	300,000		

〔解説〕

前払金勘定は，「前渡金」勘定を使用してもかまわない。なお，手付金を処理する科目として，「支払手付金勘定（資産，前払金と同じ）」と「受取手付金勘定（負債，前受金と同じ）」があるが，これらを厳密に区別する必要はない。

問題6

	借 方 科 目	金 額	貸 方 科 目	金 額
(1)	仮 払 金	55,000	現 金	55,000
(2)	当 座 預 金	380,000	仮 受 金	380,000
(3)	旅 費	30,000	仮 払 金	55,000
	通 信 費	5,000		
	現 金	20,000		
(4)	仮 受 金	380,000	売 掛 金	380,000

第6章　手　形

問題1

	借方科目	金額	貸方科目	金額
(1)	仕入	250,000	支払手形	250,000
(2)	受取手形 売掛金	300,000 25,000	売上	325,000
(3)	支払手形	250,000	当座預金	250,000
(4)	当座預金	300,000	受取手形	300,000

〔解説〕
(1) 約束手形を振出したときは，支払手形勘定で処理する。
(2) 約束手形を受取ったときは，受取手形勘定で処理する。
(3) 支払手形の満期日が到来したので（1）で支払に使った支払手形¥250,000が当座預金口座を通じて決済された。
(4)（2）で受取った受取手形¥300,000が当座預金口座を通じて決済された。

問題2

古泉家具（株）

	借方科目	金額	貸方科目	金額
(1)	仕入	500,000	買掛金	500,000
(2)	買掛金	500,000	電子記録債務	500,000
(3)	電子記録債務	500,000	当座預金	500,000

朝比奈貿易（株）

	借方科目	金額	貸方科目	金額
(1)	売掛金	500,000	売上	500,000
(2)	電子記録債権	500,000	売掛金	500,000
(3)	当座預金	500,000	電子記録債権	500,000

〔解説〕
(2) 古泉家具(株)側では(1)で生じた買掛金¥500,000を電子記録債務に変更するため，買掛金¥500,000を消滅させ，電子記録債務¥500,000を発生させる仕訳となる。
朝比奈貿易（株）側では売掛金¥500,000を電子記録債権に変更するため，売掛金¥500,000を消滅させ，電子記録債権¥500,000を発生させる仕訳となる。
(3) 支払期日となったため決済される。古泉家具（株）では電子記録債務¥500,000を当座預金から支払う仕訳，朝比奈貿易（株）では電子記録債権¥500,000を当座預金に受取った仕訳がされる。

問題3

(1)

支払手形　記入帳

(2)

	借方科目	金額	貸方科目	金額
11/21	仕入	300,000	支払手形	300,000
12/10	買掛金	90,000	支払手形	90,000
12/31	支払手形	300,000	当座預金	300,000

〔解説〕

（1）「手形種類」「手形番号」「手形金額」という項目があることから，手形の記入帳であることがわかる。さらに11月21日の取引内容をみると，当店が仕入れのために，手形を振出して支払に使ったということがわかる。このことから，支払手形の取引について記入してある帳簿であるとわかる。

（2）11/21　平沢商店から仕入を行い，支払は当店振出の約束手形で行った。

12/10　秋山商店に対して，買掛金の支払を約束手形で行った。

12/31　11/21に振出した約束手形が満期日になったので，てん末にあるように支払が行われた。一般的に，手形の決済は取引銀行の当座預金口座を通じて行われる。

問題4

（1）

受取手形 記入帳

（2）

	借方科目	金額	貸方科目	金額
3/1	受取手形	50,000	売上	50,000
4/14	受取手形	80,000	売掛金	80,000
4/15	当座預金	50,000	受取手形	50,000

〔解説〕

（1）「手形種類」「手形番号」「手形金額」という項目があることから，手形の記入帳であることがわかる。さらに3月1日の取引内容をみると，売上の対価として，泉商店から（当店に）手形の支払があったことがわかる。このことから，受取手形の取引について記入してある帳簿であるとわかる。

（2）3/1　泉商店に商品を売上げ，代金は約束手形で受取った。

4/14　柊商店から売掛金の支払として，約束手形で受取った。

4/15　3/1に受取った約束手形が満期日になったので，てん末にあるように入金が行われた。一般的に，手形の決済は取引銀行の当座預金口座を通じて行われる。

第7章　固定資産

問題1

	借方科目	金額	貸方科目	金額
（1）	備品	510,000	現金	510,000
（2）	土地	1,350,000	当座預金	1,350,000
（3）	建物	5,250,000	未払金	5,250,000
（4）	建物 修繕費	1,500,000 500,000	当座預金 未払金	1,000,000 1,000,000
（5）	修繕費	100,000	現金	100,000

〔解説〕

有形固定資産の購入時に購入代価のほかに据付費・手数料などの付随費用を払った場合，購入代価と付随費用の合計額を固定資産の取得原価とする。

（4）（5）補修において，固定資産の価値を高めたり耐用年数を延ばす場合，その部分の支出は固定資産勘定の借方に記入し，単に現状維持のための支出は修繕費（費用）勘定で処理する。

問題2

	借方科目	金額	貸方科目	金額
(1)	建物	7,500,000	当座預金	7,500,000
(2)	減価償却費	337,500	減価償却累計額	337,500
(3)	車両運搬具	2,000,000	現金	2,000,000
(4)	減価償却費	300,000	減価償却累計額	300,000

〔解説〕

間接法の場合，借方は減価償却費勘定となり，貸方は減価償却累計額勘定となる。

(2) 減価償却費 $= \dfrac{¥7,500,000 - ¥750,000}{20年}$

(2) 減価償却累計額は，建物減価償却累計額としても良い。

(4) 減価償却費 $= \dfrac{¥2,000,000}{5年} \times \dfrac{9ヶ月}{12ヶ月}$

使用期間が9ヶ月（○2年7月1日〜○3年3月31日）のため，12分の9を乗じる。

(4) 減価償却累計額は，車両運搬具減価償却累計額としても良い。

問題3

	借方科目	金額	貸方科目	金額
(1)	現金	4,000,000	土地	3,939,000
			固定資産売却益	61,000
(2)	減価償却累計額	2,250,000	建物	3,000,000
	当座預金	500,000		
	固定資産売却損	250,000		
(3)	減価償却累計額	650,000	備品	800,000
	未収入金	200,000	固定資産売却益	50,000

〔解説〕

(1) 有形固定資産を売却した場合は，当該固定資産勘定の取得原価を貸方記入する。その際に取得原価－減価償却累計額と売却価額に差額が発生したら固定資産売却損益を計上する。ここでは取得原価（¥3,939,000）＜売却価額（¥4,000,000）と売却益が発生するので，固定資産売却益勘定で処理する。土地は減価償却しないため減価償却累計額勘定は発生しない。

(2) 減価償却費（1年分）$= \dfrac{¥3,000,000 - ¥300,000}{30年} = ¥90,000$

減価償却累計額 ＝ ¥90,000 × 25年

(2) の減価償却累計額は，建物減価償却累計額としても良い。

(2)(3) 減価償却を間接法で記帳している場合，売却時の固定資産は取得原価のままであるため，取得原価を貸方に記入し，これに対応する減価償却累計額を借方に記入することで当該固定資産の帳簿価額を算出する。それと売却価額を比較し，発生した損益を記入する。

(3) 減価償却累計額は，備品減価償却累計額としても良い。

問題4

固定資産台帳

（　備品　）台帳

年月日			摘要	取得原価	減価償却費	残高	備考
○5	4	1	小切手支払	240,000		240,000	
○6	3	31	減価償却費		60,000	180,000	

〔解説〕

固定資産台帳の記入

① 固定資産の種類を台帳の題目に記入する。
② 取引の日付を記入する。
③ 摘要欄に取引の簡単な説明を記入する。
④ 取得原価欄に当該固定資産の取得原価を記入する。
⑤ 残高に当該固定資産の現在の金額を記入する。
⑥ 減価償却費欄に当該固定資産の減価償却費の金額を記入する。

$$減価償却費 = \frac{¥240,000}{4年} = ¥60,000$$

⑦ 残高欄は（当該固定資産の現在の価額－減価償却費）の金額を記入する。

第8章　株式会社会計

問題1

	借方科目	金額	貸方科目	金額
(1)	当座預金	15,000,000	資本金	15,000,000
(2)	当座預金	40,000,000	資本金	40,000,000

〔解説〕

（1）会社の設立にあたっては，発行可能株式総数の4分の1以上の株式を発行しなければならないため，発行可能株式総数2,000株× 1/4 = 500株となり，500株× @ ¥30,000 = ¥15,000,000となる。

問題2

借方科目	金額	貸方科目	金額
当座預金	12,000,000	資本金	12,000,000

〔解説〕

200株× @ ¥60,000 = ¥12,000,000

問題3

	借方科目	金額	貸方科目	金額
(1)	損益	5,000,000	繰越利益剰余金	5,000,000
(2)	繰越利益剰余金	230,000	損益	230,000

問題4

	借方科目	金額	貸方科目	金額
(1)	繰越利益剰余金	4,500,000	未払配当金	4,000,000
			利益準備金	400,000
			別途積立金	100,000
(2)	その他資本剰余金	880,000	未払配当金	800,000
			資本準備金	80,000

〔解説〕

株主総会で剰余金の配当等が決定したら，繰越利益剰余金またはその他資本剰余金からそれぞれの勘定科目に振替える。

問題5

	借方科目	金額	貸方科目	金額
(1)	損益	2,000,000	繰越利益剰余金	2,000,000
(2)	繰越利益剰余金	1,660,000	利益準備金	100,000
			未払配当金	1,000,000
			配当平均積立金	200,000
			別途積立金	360,000
(3)	未払配当金	1,000,000	当座預金	1,000,000

〔解説〕
(2) 利益準備金の積立額は，配当金の10%である。株主配当金については，株主総会で金額が決定され，支払は後日となるため，未払配当金で処理する。
(3) 株主総会後に，配当金を支払ったので，未払配当金勘定の借方に記入する。

第9章　経過勘定

問題1

	借方科目	金額	貸方科目	金額
(1)	前払家賃	400,000	支払家賃	400,000
(2)	受取地代	700,000	前受地代	700,000
(3)	支払家賃	400,000	前払家賃	400,000
(4)	前受地代	700,000	受取地代	700,000

〔解説〕
(1) 当期支払った家賃¥500,000のうち，¥400,000は決算以降の家賃であり，前払した分であった。このため，決算時に前払家賃勘定（資産）を設けて借方に¥400,000を記入し，支払家賃の貸方に¥400,000を記入する。
(2) 当期受取った地代¥1,200,000のうち¥700,000は決算以降の地代であり，前受した分であった。このため，決算時に前受地代勘定（負債）を設けて貸方に¥700,000を記入し，受取地代の借方に¥700,000を記入する。
(3) 前払家賃勘定は，当期の支払家賃と次期の支払家賃を区別するために決算時にだけ使用する勘定のため，再振替仕訳を行う。
(4) 前受家賃勘定は，当期の受取地代と次期の受取地代を区別するために決算時にだけ使用する勘定のため，再振替仕訳を行う。

問題2

	借方科目	金額	貸方科目	金額
(1)	前払保険料	7,000	保険料	7,000
(2)	受取地代	80,000	前受地代	80,000
(3)	支払利息	6,250	未払利息	6,250
(4)	未収利息	2,000	受取利息	2,000

（1）8月1日に支払った保険料の前払分は，1月1日から7月31日までの7ヶ月分である。保険料を12（12ヶ月）で割り，7（7ヶ月）をかけることで前払分を計算する。

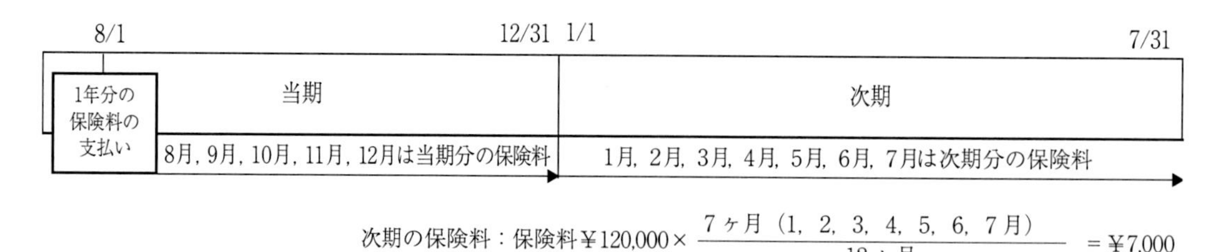

次期の保険料：保険料¥120,000× $\frac{7ヶ月（1，2，3，4，5，6，7月）}{12ヶ月}$ ＝¥7,000

（2）9月1日に受取った地代の前受分は，1月1日から8月31日までの8ヶ月分である。受取地代を12（12ヶ月）で割り，8（8ヶ月）をかけることで前受分を計算する。

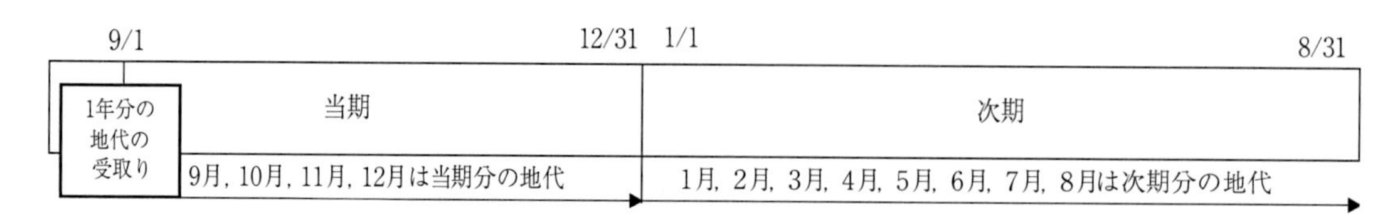

次期の地代：地代¥120,000× $\frac{8ヶ月（1，2，3，4，5，6，7，8月）}{12ヶ月}$ ＝¥80,000

（3）8月1日に借入れた借入金の利息の未払分は，8月1日から12月31日（決算日）までの5ヶ月分である。利息を12（12ヶ月）で割り，5（5ヶ月）をかけることで当期の未払分を計算する。

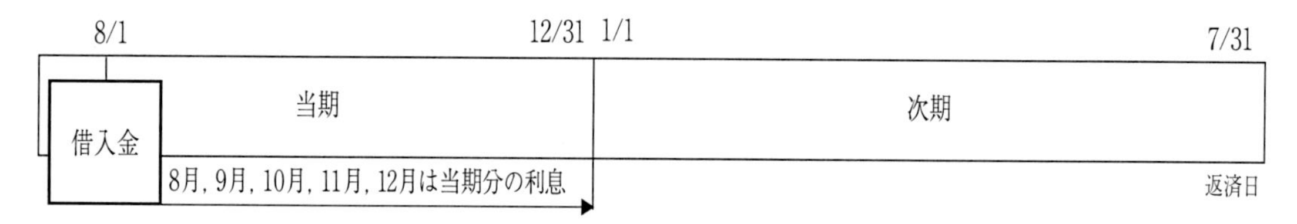

借入金の1年間の利息：借入金¥500,000× 利率3%＝¥15,000

当期の利息：1年間の利息¥15,000× $\frac{5ヶ月（8，9，10，11，12月）}{12ヶ月}$ ＝¥6,250

（4）9月1日に貸付けた貸付金の利息の未収分は，9月1日から12月31日（決算日）までの4ヶ月分である。利息を12（12ヶ月）で割り，4（4ヶ月）をかけることで当期の未収分を計算する。

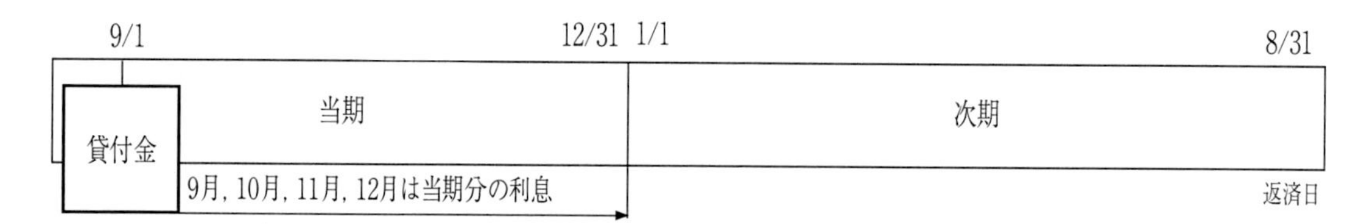

貸付金の1年間の利息：貸付金¥120,000× 利率5%＝¥6,000

当期の利息：利息¥6,000× $\frac{4ヶ月（9，10，11，12月）}{12ヶ月}$ ＝¥2,000

問題 3

	借方科目	金額	貸方科目	金額
(1)	消耗品費	3,500	現金	3,500
(2)	通信費	9,000	当座預金	12,000
	租税公課	3,000		
(3)	貯蔵品	1,300	通信費	500
			租税公課	800
(4)	通信費	500	貯蔵品	1,300
	租税公課	800		

〔解説〕
(1) 消耗品購入時は消耗品費勘定で処理する。
(2) 郵便切手は通信費勘定，収入印紙は租税公課勘定で処理する。
(3) 決算において，換金性の高い郵便切手，収入印紙の未使用分は貯蔵品勘定に振替える処理をする。
(4) 期首に決算整理仕訳と逆の仕訳（再振替仕訳）を行って，元の費用の勘定に戻す。

第10章　税　金

問題 1

	借方科目	金額	貸方科目	金額
(1)	仮払法人税等	300,000	現金	300,000
(2)	法人税，住民税及び事業税	650,000	仮払法人税等	300,000
			未払法人税等	350,000
(3)	未払法人税等	350,000	現金	350,000

〔解説〕
(1) 中間納付した金額は仮払法人税等勘定で処理する。
(2) 法人税等の確定額と仮払法人税等の差額を未払法人税等として処理する。

問題 2

	借方科目	金額	貸方科目	金額
(1)	租税公課	15,000	現金	15,000
(2)	租税公課	20,000	現金	22,000
	通信費	2,000		
(3)	貯蔵品	5,000	租税公課	5,000

〔解説〕
(2) 切手代は通信費として処理する。
(3) 決算時に，収入印紙の未使用分を貯蔵品勘定に振替える。

問題 3

	借方科目	金額	貸方科目	金額
(1)	仕入	150,000	現金	165,000
	仮払消費税	15,000		
(2)	売掛金	385,000	売上	350,000
			仮受消費税	35,000
(3)	仮受消費税	35,000	仮払消費税	15,000
			未払消費税	20,000
(4)	未払消費税	20,000	現金	20,000

〔解説〕
（3）仮受消費税と仮払消費税の差額を未払消費税として処理する。

第 11 章　伝票会計

問題 1

	借方科目	金額	貸方科目	金額
（1）	現金	20,000	売上	20,000
（2）	買掛金	10,000	現金	10,000
（3）	備品	30,000	未払金	30,000

〔解説〕
（1）入金伝票は現金収入があったときに使われる伝票であり，借方が現金となる。
（2）出金伝票は現金支出があったときに使われる伝票であり，貸方が現金となる。

問題 2

（1）

振替伝票			
借方科目	金額	貸方科目	金額
売掛金	16,000	売上	16,000

（2）

振替伝票			
借方科目	金額	貸方科目	金額
売掛金	46,000	売上	46,000

〔解説〕
問題文の取引に関する仕訳を示すと，以下のようになる。

（借）現　　金　30,000　（貸）売　上　46,000
　　　売 掛 金　16,000

（1）入金伝票から，現金売上￥30,000 が記入されていることがわかる。そのため，残りの掛売上げ￥16,000 を振替伝票に記入する。
（2）入金伝票から，売掛金￥30,000 を現金で回収したことがわかる。このことから，一度，売上高全額を売掛金として受取り，その内￥30,000 を現金として回収したと仮定し，起票する。

問題 3

借方科目	金額	貸方科目	金額
現金	180,000	売上	480,000
売掛金	300,000		

〔解説〕
問題文の取引に関する仕訳を示すと，以下のようになる。

入金伝票　（借）現　　　金　180,000　（貸）売　　　上　180,000
振替伝票　（借）売　掛　金　300,000　（貸）売　　　上　300,000

これらの仕訳を合算したものが解答となる。

問題1

決算整理後残高試算表
20×2年3月31日

借方 残高	勘定科目	貸方 残高
30,000	現金	
220,000	受取手形	
280,000	売掛金	
9,000	（未収）利息	
2,000	(前払)保険料	
70,000	繰越商品	
240,000	備品	
	支払手形	200,000
	買掛金	160,000
	（未払）家賃	10,000
	未払消費税	25,000
	貸倒引当金	15,000
	備品減価償却累計額	189,000
	資本金	200,000
	繰越利益剰余金	50,000
	売上	750,000
	受取利息	19,000
478,000	仕入	
117,000	給料	
120,000	支払家賃	
18,000	支払保険料	
7,000	貸倒引当金繰入	
27,000	(備品減価償却費)	
1,618,000		1,618,000

問題２

精　　算　　表

勘定科目	試算表		修正記入		損益計算書		貸借対照表	
	借方	貸方	借方	貸方	借方	貸方	借方	貸方
現金	30,000						30,000	
受取手形	220,000						220,000	
売掛金	280,000						280,000	
繰越商品	48,000		70,000	48,000			70,000	
仮払消費税	50,000			50,000				
備品	240,000						240,000	
支払手形		220,000						200,000
買掛金		160,000						160,000
仮受消費税		75,000	75,000					
貸倒引当金		8,000		7,000				15,000
備品減価償却累計額		162,000		27,000				189,000
資本金		200,000						200,000
繰越利益剰余金		50,000						50,000
売上		750,000				750,000		
受取利息		10,000		9,000		19,000		
仕入	500,000		48,000	70,000	478,000			
給料	117,000				117,000			
支払家賃	110,000		10,000		120,000			
支払保険料	20,000			2,000	18,000			
	1,615,000	1,615,000						
貸倒引当金繰入			7,000		7,000			
(備品減価償却費)			27,000		27,000			
(未収)利息			9,000				9,000	
(未払)家賃				10,000				10,000
(前払)保険料			2,000				2,000	
未払消費税				25,000				25,000
当期純(利益)					2,000			2,000
			248,000	248,000	769,000	769,000	851,000	851,000

〔**解説**〕 決算整理仕訳

① 貸倒引当金の設定

(借) 貸倒引当金繰入 7,000 (貸) 貸倒引当金 7,000

貸倒引当金設定額：¥500,000（受取手形および売掛金の期末残高）× 3% = ¥15,000

貸倒引当金繰入額：¥15,000 − ¥8,000（貸倒引当金残高） = ¥7,000

② 売上原価の算定（仕入勘定で計算）

(借) 仕入 48,000 (貸) 繰越商品 48,000

　　繰越商品 70,000 　　仕入 70,000

③ 有形固定資産（備品）の減価償却

(借) 備品減価償却費 27,000 (貸) 備品減価償却累計額 27,000

減価償却費：(取得原価 − 残存価額) ÷ 耐用年数 = (¥240,000 − ¥240,000 × 10%) ÷ 8年 = ¥27,000

④ 受取利息の未収処理

(借) 未収利息 9,000 (貸) 受取利息 9,000

⑤ 支払家賃の未払処理

(借) 支払家賃 10,000 (貸) 未払家賃 10,000

⑥ 保険料の前払処理

(借) 前払保険料 2,000 (貸) 支払保険料 2,000

¥12,000 ÷ 12ヶ月 × 2ヶ月 = ¥2,000

⑦ 消費税の処理

(借) 仮受消費税 75,000 (貸) 仮払消費税 50,000

　　　　　　　　　　　　未払消費税 25,000

問題3

精　　算　　表

勘定科目	試算表		修正記入		損益計算書		貸借対照表	
	借方	貸方	借方	貸方	借方	貸方	借方	貸方
現金	30,000						30,000	
現金過不足	2,000			2,000				
当座預金		50,000	50,000					
受取手形	200,000						200,000	
売掛金	160,000						160,000	
仮払法人税等	115,000			115,000				
仮払消費税	150,000			150,000				
繰越商品	120,000		110,000	120,000			110,000	
建物	2,000,000						2,000,000	
備品	1,000,000						1,000,000	
土地	3,000,000						3,000,000	
支払手形		120,000						120,000
買掛金		60,000						60,000
仮受消費税		300,000	300,000					
貸倒引当金		6,000		12,000				18,000
建物減価償却累計額		450,000		90,000				540,000
備品減価償却累計額		800,000		100,000				900,000
資本金		3,000,000						3,000,000
繰越利益剰余金		1,190,000						1,190,000
売上		3,000,000				3,000,000		
受取利息		17,000				17,000		
受取手数料		7,000	4,000			3,000		
仕入	1,500,000		120,000	110,000	1,510,000			
給料	640,000				640,000			
支払保険料	10,000				10,000			
通信費	45,000				45,000			
消耗品費	20,000				20,000			
租税公課	8,000			1,000	7,000			
	9,000,000	9,000,000						
雑（損）			2,000		2,000			
当座借越				50,000				50,000
貸倒引当金繰入			12,000		12,000			
建物減価償却費			90,000		90,000			
備品減価償却費			100,000		100,000			
（前受）手数料				4,000				4,000
（貯蔵品）			1,000				1,000	
未払消費税				150,000				150,000
法人税，住民税及び事業税			233,600		233,600			
未払法人税等				118,600				118,600
当期純（利益）					350,400			350,400
			1,022,600	1,022,600	3,020,000	3,020,000	6,501,000	6,501,000

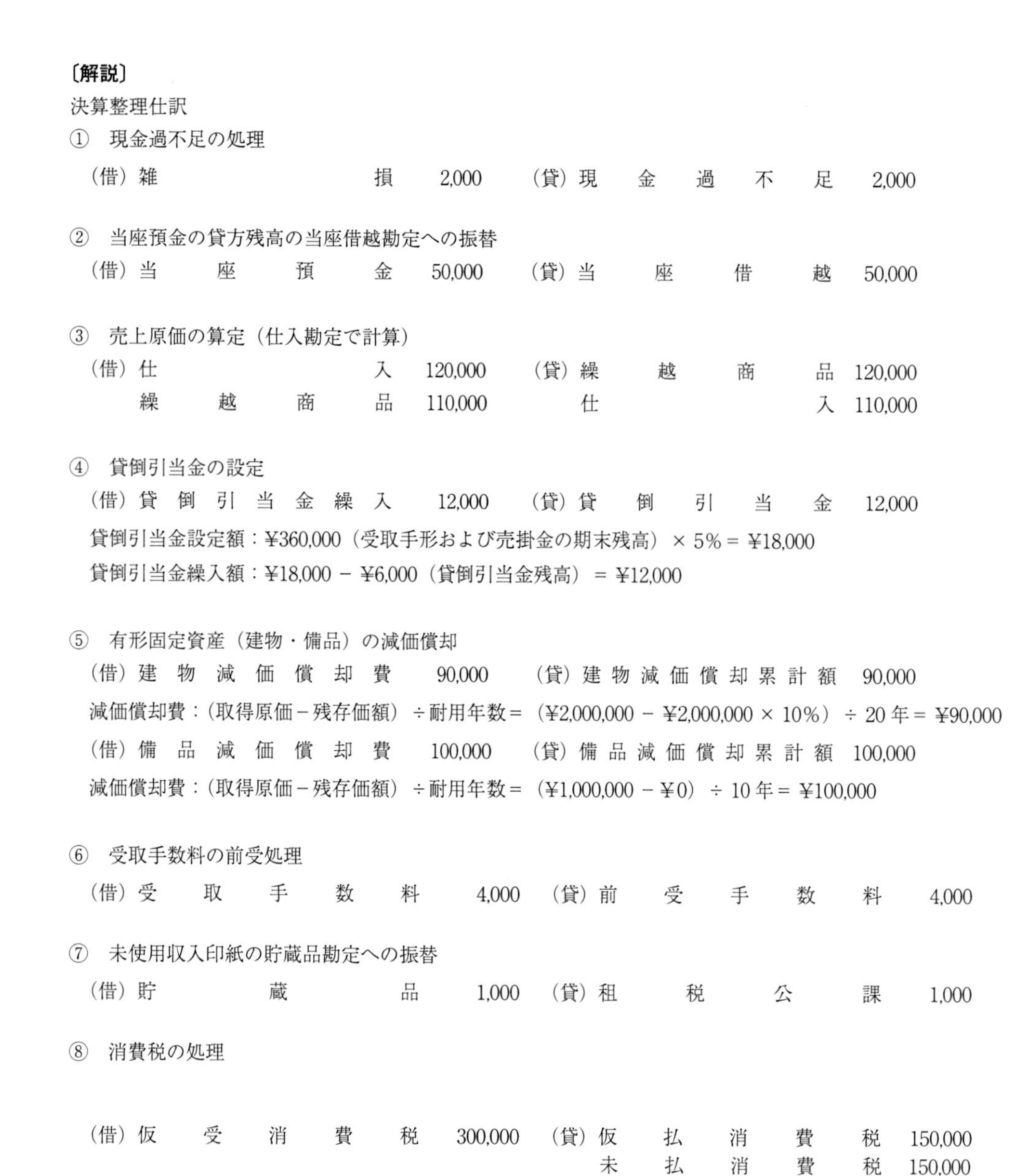

〔解説〕

決算整理仕訳

① 現金過不足の処理

（借）雑損	2,000	（貸）現金過不足	2,000

② 当座預金の貸方残高の当座借越勘定への振替

（借）当座預金	50,000	（貸）当座借越	50,000

③ 売上原価の算定（仕入勘定で計算）

（借）仕入	120,000	（貸）繰越商品	120,000
繰越商品	110,000	仕入	110,000

④ 貸倒引当金の設定

（借）貸倒引当金繰入	12,000	（貸）貸倒引当金	12,000

貸倒引当金設定額：¥360,000（受取手形および売掛金の期末残高）× 5% = ¥18,000

貸倒引当金繰入額：¥18,000 − ¥6,000（貸倒引当金残高）= ¥12,000

⑤ 有形固定資産（建物・備品）の減価償却

（借）建物減価償却費	90,000	（貸）建物減価償却累計額	90,000

減価償却費：（取得原価－残存価額）÷耐用年数＝（¥2,000,000 − ¥2,000,000 × 10%）÷ 20年＝ ¥90,000

（借）備品減価償却費	100,000	（貸）備品減価償却累計額	100,000

減価償却費：（取得原価－残存価額）÷耐用年数＝（¥1,000,000 − ¥0）÷ 10年＝ ¥100,000

⑥ 受取手数料の前受処理

（借）受取手数料	4,000	（貸）前受手数料	4,000

⑦ 未使用収入印紙の貯蔵品勘定への振替

（借）貯蔵品	1,000	（貸）租税公課	1,000

⑧ 消費税の処理

（借）仮受消費税	300,000	（貸）仮払消費税	150,000
		未払消費税	150,000

⑨ 法人税等の処理

（借）法人税，住民税及び事業税	233,600	（貸）仮払法人税等	115,000
		未払法人税等	118,600

問題4

貸借対照表

20×6年3月31日

資産	金額		負債および純資産	金額
現金		30,000	支払手形	120,000
受取手形	200,000		買掛金	60,000
貸倒引当金	△10,000	190,000	当座借越	50,000
売掛金	160,000		前受収益	4,000
貸倒引当金	△8,000	152,000	未払消費税	150,000
商品		110,000	未払法人税等	118,600
貯蔵品		1,000	資本金	3,000,000
建物	2,000,000		繰越利益剰余金	1,540,400
減価償却累計額	△540,000	1,460,000		
備品	1,000,000			
減価償却累計額	△900,000	100,000		
土地		3,000,000		
		5,043,000		5,043,000

損益計算書

20×5年4月1日から20×6年3月31日まで

費用	金額	収益	金額
売上原価	1,510,000	売上高	3,000,000
給料	640,000	受取利息	17,000
支払保険料	10,000	受取手数料	3,000
通信費	45,000		
消耗品費	20,000		
租税公課	7,000		
貸倒引当金繰入	12,000		
建物減価償却費	90,000		
備品減価償却費	100,000		
雑損	2,000		
法人税，住民税及び事業税	233,600		
当期純利益	350,400		
	3,020,000		3,020,000

〔**解説**〕

一部の科目について，表示の方法や名称が異なることに注意する。

貸借対照表作成時の注意点

・決算日を明示する。

・繰越商品勘定は，貸借対照表上「商品」と表示する。

・貸倒引当金や減価償却累計額は，原則として資産から控除する形式で表示する。

・繰越利益剰余金勘定は，決算整理前の金額に当期純利益（当期純損失）を加算（減算）して表示する。

・「前払費用」「未収収益」は資産に計上，「未払費用」「前受費用」は負債に計上する。また，「前払費用」「未収収益」「未払費用」「前受費用」は，通常，それぞれまとめて表示する。

損益計算書の注意点

・会計期間を明示する。

・売上勘定は，損益計算書上「売上高」と表示する。

・売上原価は仕入勘定で計算されても，売上原価勘定で計算されても，損益計算書上「売上原価」と表示する。

・損益計算書上では，当期純利益は繰越利益剰余金ではなく，「当期純利益」と表示する。

なお，貸倒引当金は受取手形，売掛金それぞれから控除する。

貸倒引当金（受取手形）：¥200,000 × 5% = ¥10,000

貸倒引当金（売掛金）　：¥160,000 × 5% = ¥8,000

《編著者紹介》

村田直樹（むらた・なおき）担当：第1章
1953年　東京都に生まれる
1983年　日本大学大学院経済学研究科博士後期課程満期退学
1987年　ロンドン大学歴史研究所研究員
1995年　長崎県立大学教授
2003年　博士（経済学）（九州大学）
　　　　淑徳大学教授，日本大学教授を経て，現在，元日本大学経済学部教授

野口翔平（のぐち・しょうへい）担当：第10，11章
1988年　埼玉県に生まれる
2017年　日本大学大学院経済学研究科博士後期課程修了
　　　　博士（経済学）（日本大学）
　　　　宮崎学園短期大学講師
2018年　日本大学経済学部助教
2021年　日本大学経済学部専任講師

《著者紹介》（執筆順）

竹中　徹（たけなか・とおる）担当：第2章
淑徳大学経営学部教授

中川仁美（なかがわ・ひとみ）担当：第3，7章
作新学院大学経営学部准教授

沼　恵一（ぬま・けいいち）担当：第4，5章
税理士

菅森　聡（すがもり・さとし）担当：第6，9章
沖縄国際大学産業情報学部准教授

相川奈美（あいかわ・なみ）担当：第8章
名城大学経営学部准教授

麻場勇佑（あさば・ゆうすけ）担当：第12章
駿河台大学経済経営学部准教授

（検印省略）

2020年5月20日　初版発行
2023年5月20日　第二版発行　　略称―問題集（基礎）

簿記の問題集［基礎編］［第二版］

編著者　村田直樹
　　　　野口翔平
発行者　塚田尚寛

発行所　東京都文京区春日2－13－1　株式会社　創成社

電　話　03（3868）3867　　FAX　03（5802）6802
出版部　03（3868）3857　　FAX　03（5802）6801
http://www.books-sosei.com　振　替　00150-9-191261

定価はカバーに表示してあります。

ISBN978-4-7944-1579-0 C3034
Printed in Japan
組版：スリーエス　印刷：エーヴィスシステムズ
製本：エーヴィスシステムズ
落丁・乱丁本はお取り替えいたします。

簿記・会計選書

簿記の問題集［基礎編］	村田直樹 野口翔平	編著	1,500円
簿記のテキスト［基礎編］	村田直樹 野口翔平	編著	1,500円
初級簿記教本	海老原諭	著	2,700円
初級簿記教本・問題集	海老原諭	著	1,800円
新・入門商業簿記	片山覚	監修	2,350円
新・中級商業簿記	片山覚	監修	1,850円
全国経理教育協会 公式簿記会計仕訳ハンドブック	上野清貴 吉田智也	編著	1,200円
コンピュータ会計基礎	河合久・櫻井康弘 成田博・堀内恵	著	1,900円
会計不正と監査人の監査責任 ―ケース・スタディ検証―	守屋俊晴	著	3,800円
キャッシュフローで考えよう！ 意思決定の管理会計	香取徹	著	2,200円
会計原理 ―会計情報の作成と読み方―	斎藤孝一	著	2,200円
IFRS教育の実践研究	柴健次	編著	2,900円
IFRS教育の基礎研究	柴健次	編著	3,500円
現代会計の論理と展望 ―会計論理の探究方法―	上野清貴	著	3,200円
簿記のススメ ―人生を豊かにする知識―	上野清貴	監修	1,600円
複式簿記の理論と計算	村田直樹 竹中徹 森口毅彦	編著	3,600円
複式簿記の理論と計算　問題集	村田直樹 竹中徹 森口毅彦	編著	2,200円
非営利・政府会計テキスト	宮本幸平	著	2,000円
活動を基準とした管理会計技法の展開と経営戦略論	広原雄二	著	2,500円
ライフサイクル・コスティング ―イギリスにおける展開―	中島洋行	著	2,400円
会計の基礎ハンドブック	柳田仁	編著	2,600円

（本体価格）